SHODENSHA
SHINSHO

の盛衰

000年の歴史に学ぶ

昇一
凌二

祥伝社新書

はじめに——歴史に学ぶ

歴史を振り返る時、しばしば「昔も今も変わらない」と言われます。また、「歴史は繰《く》り返す」とも言います。たとえ、そう思えるにしても、その時代に生きる人々がわれわれと同じような人間性を秘《ひ》めていることは忘れられがちです。

人類が楔形《くさびがた》文字や聖刻文字《ヒエログリフ》を開発し、文明を生み出してから、五〇〇〇年が経《た》ちました。今から三〇〇〇年以上も遡《さかのぼ》ると、そこに生きていた旧《ふる》い古代人は、われわれのような意識や判断力を持っていたわけではないと言われています。ですから、ピラミッドを築いたファラオの時代の人々は、われわれとはかなり異なる感じ方・考え方をしていたはずです。

しかし、ユーラシアの西部ならアッシリアやペルシアに世界帝国が現われた頃から、東部なら春秋戦国の頃から、現代人と似たような行動規範を持つ人々が登場しました。ということは、紀元前八世紀頃に相次《あいつ》いで建国したギリシア人やローマ人なら、近現代人と同じ土俵にのせて話すことが可能になります。

ところで、話し相手が歴史に興味があるかどうか、そこで話題はおおいに違ってきます。幼い子どもは、身の回りのことしか気がつきませんし、青少年の頃も人類の過去など関心がない場合が多いようです。私の中学生からの友人たちも、若い頃ばかりか不惑《ふわく》の年齢になっても、歴史には興味がないという者も少なくありませんでした。それでも、還暦《かんれき》近くなると、歴史はおもしろいと変心する者も多いようです。

私の世代は、昭和二十年代の貧しい風景から、東京オリンピックを経《へ》て、高度経済成長をくぐり、バブルの絶頂期を経験しました。やがて膨《ふく》らんだ風船が破裂し、長い低迷期を過ごしながら、パソコン、ケータイと連《つら》なる情報ネットワークを享受《きようじゆ》し、今また東京オリンピックが巡ってきます。外では予期もしなかったソ連・東欧圏の崩壊、EUの成立、中国をはじめとする第三勢力の台頭《たいとう》と、めまぐるしく動いてきました。

人間は長く生きれば、個人としての歴史も刻《きざ》まれていきます。それゆえ、人類の経験の積み重ねとしての歴史にも、自然に目が向くのかもしれません。

また、歴史に興味を抱《いだ》いた時、主にふたつの姿勢があります。ひとつは物語としての歴史です。それは、作りものではない史実として格別のおもしろさがあります。まさしく

「事実は小説より奇《き》なり」です。もうひとつは、範例《はんれい》としての歴史であり、しばしば「歴史に学ぶ」と語られるところです。同時に、はたしてわれわれは本当に歴史に学べるのか、という疑問も浮かんできます。

物語にしろ、範例にしろ、これらは真摯《しんし》な過去への問いかけですが、そのような姿勢を皮肉るような警告があります。「歴史家とは、耳の不自由な人のようなもの。誰も尋《たず》ねてもいない質問に答え続けているのだから」。こう語るのは、最高の歴史小説と言える『戦争と平和』を著《あらわ》した文豪トルストイなのですから、耳が痛いというしかありません。

ところが、範例としての歴史について、まったく逆のことを指摘する学者もいます。鎖国を続けていた日本は、欧米に開国を迫られたあと、またたくまに、彼らから軍隊組織、戦艦建造、医療・科学技術、学校制度などを学びました。やがて大国に伸《の》し上《あ》がり、日本人が侮《あなど》られることがあれば、私たちの大砲で攻撃することもできますと言い、欧米人を唖然《あぜん》とさせました。「日本人は、世界史のもっともすぐれた生徒であった」と評価されるほどです（エルンスト・ゴンブリッチ著『若い読者のための世界史』）。

今さら、グローバル化などと改めて言い立てることもないほど、現在はグローバル化の荒波が不可避な時代です。二十世紀後半の現代史を扱う歴史家の多くは、世界史よりもグローバル・ヒストリーを問わなければならないと言います。その流れで見るならば、冷戦が終わってグローバル化が始まったのではなく、現代のグローバルな動きのひとつとして冷戦の終結があったことになります。

昨今、国際情勢はますます混沌《こんとん》とし、わが国の国防のあり方や憲法改定問題が俎上《そじょう》に上がっています。それらの根底に潜《ひそ》む問題は、国家そのものではないでしょうか。そして、その国家がそもそも揺《ゆ》らいでいるのですから、事態は深刻です。しかも、国によって「揺らぐ国家」への自覚が異なるのですから、問題はことさら複雑になっています。

また、企業形態として、多国籍企業が当たり前のようになると、さまざまな形で非国家的存在が台頭します。とりわけ、経済活動における国境を越えた協力関係は深まっていますが、それが根深い祖国愛という精神文化といかに関わるのでしょうか。

確かに、国家などなくてもいい、と割り切れる奇特《きとく》な人もいるかもしれません。しかし、現時点では、そこに理《り》はありません。なぜなら、われわれは、まだ数百年は国家という枠組《わくぐ》みで生きていかざるを得ないからです。国家そのものは、今なおわれわれの存在の磁場《じば》なのです。

第二次世界大戦中のイギリス首相チャーチルについては、本書でも何度も出てきます。当時の政敵たちは、彼を「戦争屋」と非難しました。彼は、軍事力強化を訴えて戦争に備えようとしたからです。しかし、チャーチルは、かつての従軍経験から戦争の残虐《ざんぎゃく》さも恐ろしさも熟知しており、同僚たちに繰り返し語りました。三〇歳頃のチャーチルは「民主主義は、君主国の内閣より執念深い。国民の戦いは、国王の戦いよりも恐ろしいものになるだろう」と警告しています。

チャーチルにとって「戦争に備えること」と「戦争に反対すること」は分《わ》かちがたいものでした。どんなに反対しても、現実には戦争を回避できない場合があります。ひとたび戦争に突入したならば、そこでは勝たなければならないのです。それが、チャーチルの信念であったに違いありません。

二十世紀を代表する思想史家アイザイア・バーリンは「チャーチルは何よりも歴史的想像力に優《すぐ》れた指導者だった」と述べています。若い頃のチャーチルは、戦地の最前線に赴《おもむ》いても、軍務の休憩時には歴史書をむさぼり読んでいました。そうした経験が重なり、未来を予測する能力が磨《みが》かれていったのでしょう。その能力はどうすれば身につくのか——そう問われるたびに、チャーチルは「歴史に学べ」を繰り返しました。「国家経営の秘訣はすべて歴史にある」とも述べています。

今回、戦争の艱難辛苦《かんなんしんく》を身を以《もっ》て経験し、広く深い学識を持つ渡部昇一先生と浅学非才《せんがくひさい》の身で語り合う、貴重な時間を共有しました。本書で論じたことが、われわれ日本人の将来を考えるうえでお役に立てるならば望外の幸せです。

平成二十六年七月

本村《もとむら》 凌二《りようじ》

目次

第一章 ローマ——世界帝国の典型

第二章 スペイン、オランダ——海上覇権と貿易

第三章 イギリス——工業技術による産業立国

第四章 アメリカ——実験国家、人工国家の活力

第五章 中国——覇権国家になりうるか

第六章 日本――これから歩むべき道

編集協力 佐々木重之
図表作成 篠 宏行
本文デザイン 盛川和洋

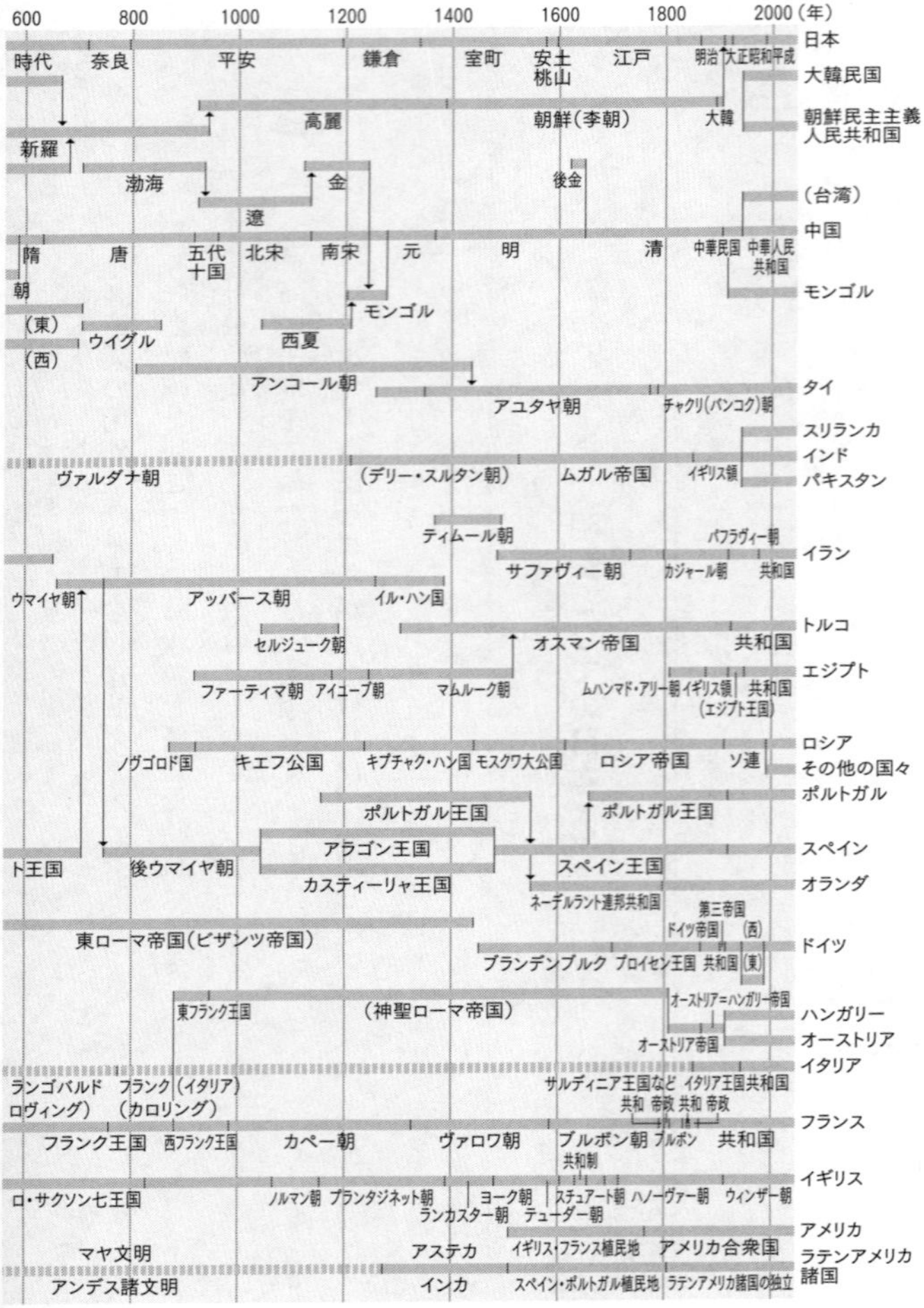
600
800
1000
1200
1400
1600
1800
2000（年）
日本
時代
奈良
平安
鎌倉
室町
安土
桃山
江戸
明治
大正
昭和
平成
大韓民国
高麗
朝鮮（李朝）
大韓
朝鮮民主主義
人民共和国
新羅
渤海
金
後金
遼
（台湾）
中国
隋
唐
五代
十国
北宋
南宋
元
明
清
中華民国
中華人民
共和国
朝
モンゴル
（東）
ウイグル
西夏
（西）
アンコール朝
タイ
アユタヤ朝
チャクリ（バンコク）朝
スリランカ
インド
ヴァルダナ朝
（デリー・スルタン朝）
ムガル帝国
イギリス領
パキスタン
ティムール朝
パフラヴィー朝
イラン
サファヴィー朝
カジャール朝
共和国
ウマイヤ朝
アッバース朝
イル・ハン朝
トルコ
セルジューク朝
オスマン帝国
共和国
エジプト
ファーティマ朝
アイユーブ朝
マムルーク朝
ムハンマド・アリー朝
イギリス領
（エジプト王国）
共和国
ロシア
ノヴゴロド国
キエフ公国
キプチャク・ハン国
モスクワ大公国
ロシア帝国
ソ連
その他の国々
ポルトガル
ポルトガル王国
ポルトガル王国
アラゴン王国
スペイン
ト王国
後ウマイヤ朝
カスティーリャ王国
スペイン王国
オランダ
ネーデルラント連邦共和国
第三帝国
ドイツ帝国
（西）
東ローマ帝国（ビザンツ帝国）
ドイツ
ブランデンブルク
プロイセン王国
共和国
（東）
オーストリア＝ハンガリー帝国
東フランク王国
（神聖ローマ帝国）
ハンガリー
オーストリア
オーストリア帝国
イタリア
ランゴバルド
フランク（イタリア）
ロヴィング）
（カロリング）
サルディニア王国など
イタリア王国
共和国
共和
帝政
共和
帝政
フランス
フランク王国
西フランク王国
カペー朝
ヴァロワ朝
ブルボン朝
ブルボン
共和国
共和制
イギリス
ロ・サクソン七王国
ノルマン朝
プランタジネット朝
ヨーク朝
スチュアート朝
ハノーヴァー朝
ウィンザー朝
ランカスター朝
テューダー朝
アメリカ
マヤ文明
アステカ
イギリス・フランス植民地
アメリカ合衆国
ラテンアメリカ
諸国
アンデス諸文明
インカ
スペイン・ポルトガル植民地
ラテンアメリカ諸国の独立

国家の興亡

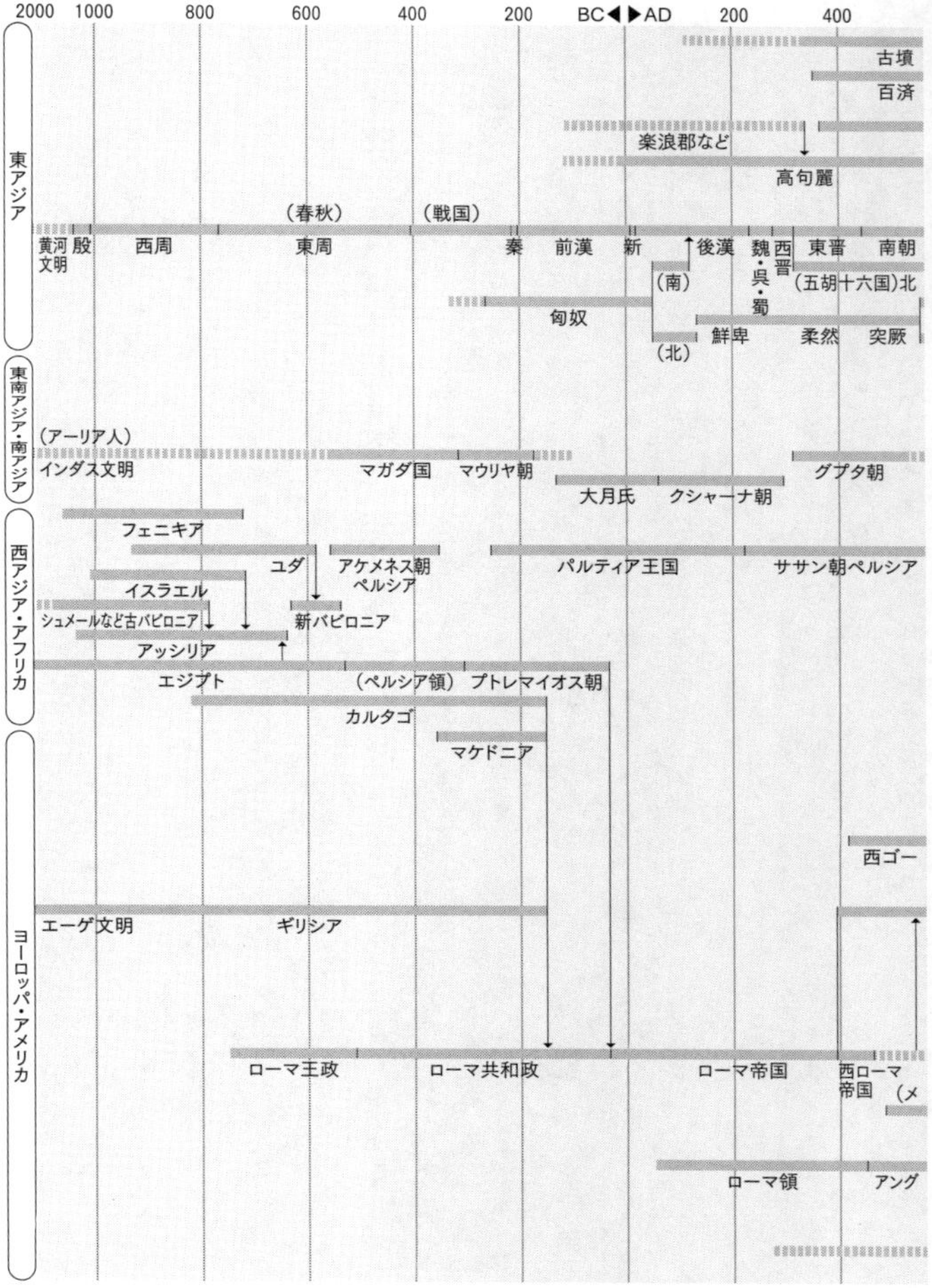
2000 1000 800 600 400 200 BC◀▶AD 200 400
東アジア
古墳
百済
楽浪郡など
高句麗
(春秋)
(戦国)
黄河文明
殷
西周
東周
秦
前漢
新
後漢
魏・呉・蜀
西晋
東晋
南朝
(南)
(五胡十六国)北
匈奴
鮮卑
柔然
突厥
(北)
東南アジア・南アジア
(アーリア人)
インダス文明
マガダ国
マウリヤ朝
大月氏
クシャーナ朝
グプタ朝
西アジア・アフリカ
フェニキア
ユダ
アケメネス朝ペルシア
パルティア王国
ササン朝ペルシア
イスラエル
シュメールなど古バビロニア
新バビロニア
アッシリア
エジプト
(ペルシア領)
プトレマイオス朝
カルタゴ
マケドニア
ヨーロッパ・アメリカ
西ゴー
エーゲ文明
ギリシア
ローマ王政
ローマ共和政
ローマ帝国
西ローマ帝国
(メ
ローマ領
アング

序章

国家繁栄と覇権の条件

覇権国家の定義──渡部

本書のテーマは「国家の盛衰」です。古代から現代までの歴史を俯瞰《ふかん》し、さまざまな国家の興亡を検証しながら、今後の日本の採《と》るべき道を探っていきます。第一章のローマ帝国から始める前に、まず、覇権国家とは何か、あるいは最強国家とは何か、という定義づけを行ないたいと思います。

覇権国家とは「同じ文明圏における最強の国」と、私は考えます。ペルシア帝国や古代ローマは、最強＝最富《さいふ》の図式です。最強であれば、周辺諸国からいくらでも富《とみ》を奪えますから。

ヨーロッパにペルシア帝国やローマ帝国などが興隆《こうりゅう》しても、地理的に遠く離れ、文明の異なる古代日本には、ほとんど影響がありませんでした。

ところが、同じ漢字文化圏で地理的にも近いシナ大陸に強大な国家が出現すると、朝鮮半島や日本（倭《わ》）はもちろん、シナ北方、西域、東南アジアの国々に大きな脅威を与えます。このため、これらの国々は宗主国の天子《てんし》に朝貢するという形で、シナ大陸政権の脅威から逃《のが》れようとします。いわゆる、冊封《さくほう》体制です。

日本も、シナ大陸の後漢《ごかん》に朝貢《ちょうこう》した（『後漢書《ごかんじょ》』東夷伝《とういでん》）、卑弥呼《ひみこ》が魏《ぎ》から「親魏倭王《しんぎわおう》」に封じられた（『魏志《ぎし》』倭人伝《わじんでん》）、倭の五王が宋《そう》（南北朝時代の南朝）などに朝貢した（『宋《そう》書《じょ》』夷蛮伝《いばんでん》）、とされています（ちなみに、日本で冊封を受けたように書かれているのは、九州の土地の権力者でした）。つまり、近世ヨーロッパやグローバル化により経済、情報などの分野で世界の国々の関係が緊密になった現代はともかく、古代では、同じ文明圏やひとつの地域のなかで、一番強力な国家を覇権国家と言うのです。

そして、覇権を支えるのは軍事力です。

なぜ、ギリシアのひとつのポリスにすぎないマケドニアのアレクサンドロス大王（紀元前三五六〜同三二三年）が東西四五〇〇キロメートルに及ぶ大帝国を築くことができたのか。なぜ、モンゴル遊牧民族はシルクロード周辺諸国を支配し、東西の文明をつなぐ大帝国・元《げん》を築くことができたのか。

さらに、なぜ十五世紀半ばから十七世紀半ばまで続いた「大航海時代」に、スペイン、ポルトガル、オランダ、イギリスは、アフリカ、中東、東南アジア、南米などを植民地化できたのか。

アレクサンドロス大王の帝国

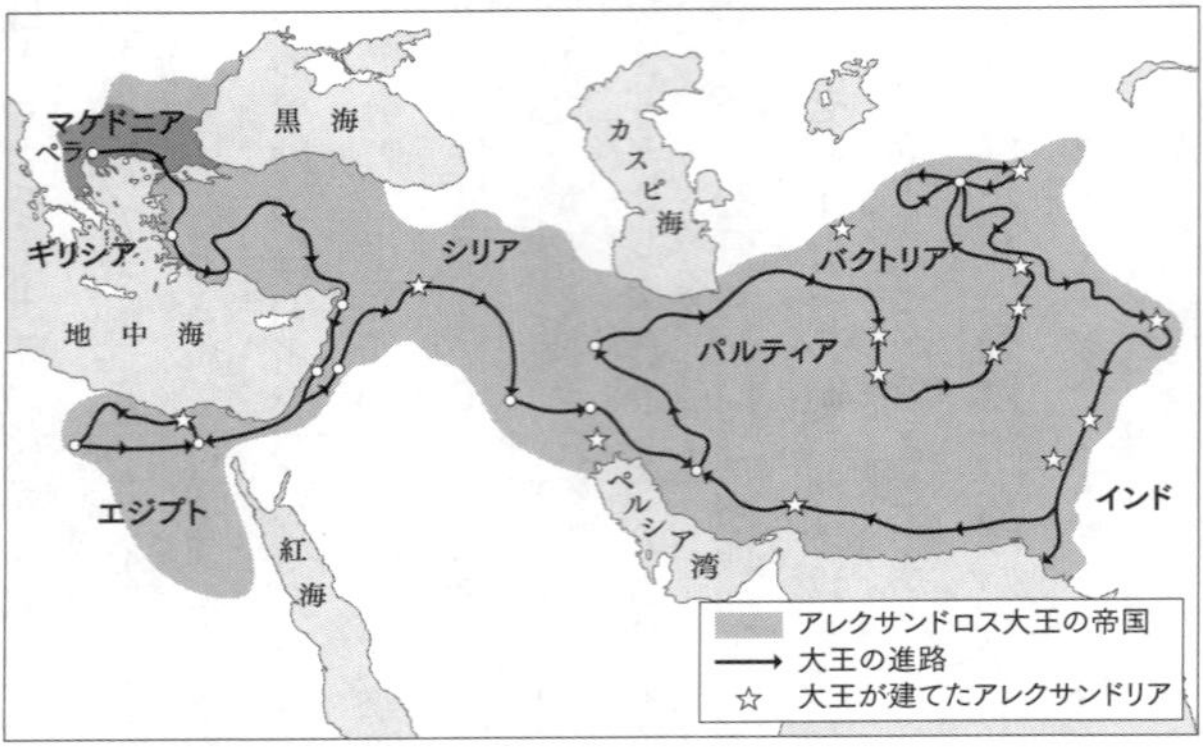

これらの答えは、強大な軍事力を持っていたからです。つまり、軍事力の強い国が、わがもの顔に、他国・他地域で略奪、殺戮《さつりく》を行ない、最終的に侵攻した国や地域を統治したのです。

私は、アレクサンドロス大王もチンギス＝ハン（一一六二頃〜一二二七年）も、最初から豊富な経済力を持っていたとは思いません。強い軍事力を背景に、征服した国の富を次々に略奪していくうちに、経済的にも強大な国家になっていったと思います。

シカゴ大学のウィリアム・H・マクニール名誉教授（歴史学）が四〇年以上前に著し、最近また評判になっている『世界史』があります。私が感心したのは、日本に触れた部分です。日本の平安

モンゴル帝国の最大領域

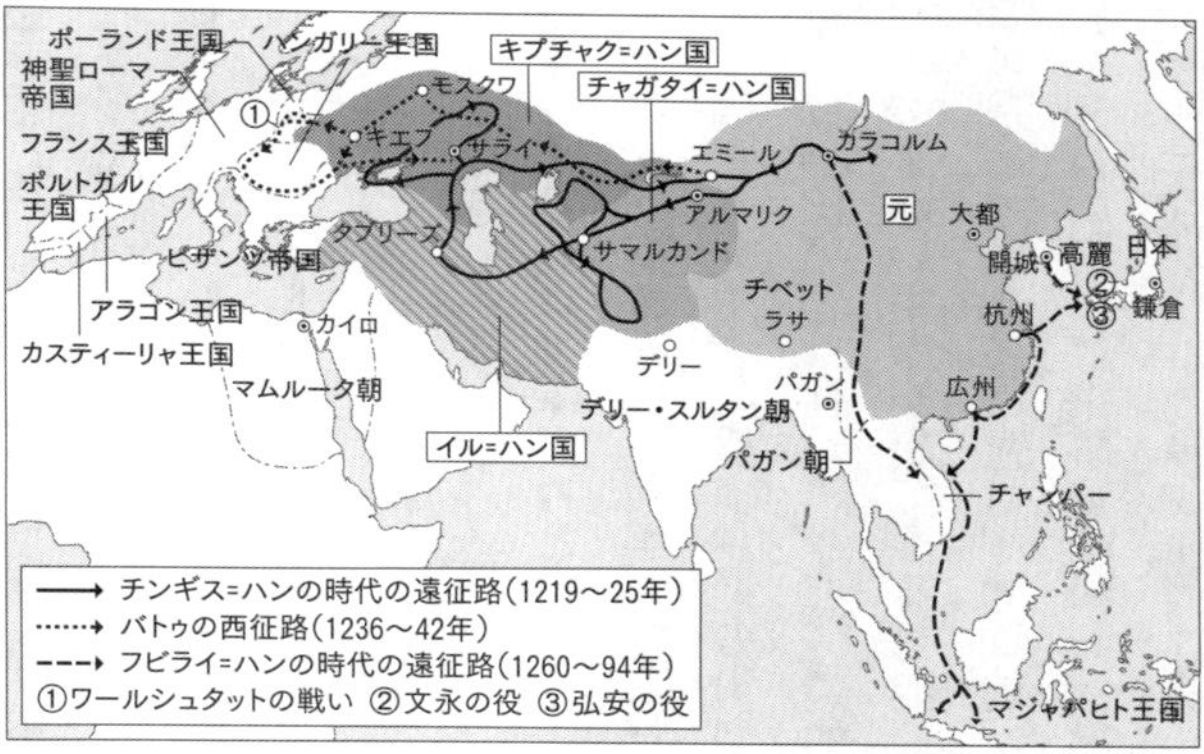

期は世界的に類《るい》を見ない独自の女性文化を有《ゆう》していますが、マクニールはその点にあまり触れず、鎌倉武士の勃興《ぼっこう》が日本の成り立ちを考えるうえで大変重要である、と指摘しています。

また、マクニールがヨーロッパ史で一番重視したのは、騎士《きし》（ナイト）の発生です。もし鎌倉武士がいなければ、元寇《げんこう》で日本は敗れ、日本を版図《はんと》に含《ふく》む元帝国ができていたかもしれませんし、もしヨーロッパに騎士が出現しなければ、東ヨーロッパから代わるがわる興《おこ》る蛮族《ばんぞく》に西ヨーロッパは蹂躙《じゅうりん》され、現在のヨーロッパの姿は変わっていたかもしれません。

いっぽう、現代も強大な軍事力を持つ国が覇権を唱えています。第二次世界大戦（一九三九〜一九四五年）後、アメリカが世界をリードしてきたのは強大な軍事力が背景ですし、最近、南沙《なんさ》諸島や尖閣《せんかく》諸島問題で日本や周辺諸国と領土紛争を繰り広げる中国も、軍事力の急速な拡大を背景にわがままを通そうとしているのです。

したがって、私は単細胞的発想との批判を受けるかもしれませんが、覇権を支えるものは古代も現代も軍事力である、と断言します。

覇権を支えるのは、軍事力と経済力——本村

人類の文明史は五〇〇〇年余りあり、そのうちの四〇〇〇年は、基本的に古代です。そして、国家の発生、隆盛、衰退の祖型《そけい》は、古代に星の数ほど認められます。したがって、私は、覇権国家とは何か——と一義的に定義したくありません。一義的に定義をすると、カバーできない祖型が出てくる可能性があります。

覇権国家を支える源泉は、短期的かつ直接的には軍事力です。たとえば、多くの前近代国家の予算の70％は軍事費ですし、その軍事予算も膨大《ぼうだい》です。

マケドニアのアレクサンドロス大王も、父親のフィリッポス二世の時代に、戦術訓練や

騎馬《きば》訓練をさかんに行なったり、「サリッサ」という約五メートルの長槍《ながやり》を取り入れたりしています。しかし、その軍事訓練や新兵器の導入を可能にするのは経済力です。したがって、軍事力と経済力は覇権国家を支える車の両輪と言えるのです。

その典型は、中央アジアの騎馬民族に見てとれます。騎馬遊牧民にとって、武力は経済力そのものです。彼らは、サマルカンド（現・ウズベキスタン）などの定住民に、「俺たちが武力で他民族の侵略から守ってやる」「通商の時に警備してやる」と保証を与え、その見返りとして、定住民から多くの物品や金銭を搾取《さくしゅ》していました。のちに、中央アジアで覇権を唱えたモンゴル帝国や、その子孫が中国に進出し、元帝国を樹立した騎馬遊牧民のモンゴル民族も同様です。

モンゴル民族は、一二〇六年の初代皇帝チンギス＝ハンの即位からわずか五〇年ほどの短期間に、西アジアから東ヨーロッパまでの国々を征服しました。その過程で、西洋諸国と多くの戦闘を繰り返しますが、特に有名なのがポーランド王国、神聖ローマ帝国、テンプル騎士団、ドイツ騎士団、聖ヨハネ騎士団などが連合したヨーロッパ軍と、モンゴル帝国軍が戦った一二四一年のリーグニッツの戦い（ワールシュタットの戦い）です。

この戦いで、ヨーロッパ連合軍はモンゴル帝国軍に手も足も出ませんでした。ワールシュタットとはドイツ語で「死体の山」を意味します。それほど、多くの戦死者を出した壊《かい》滅《めつ》的な敗戦でした。

西洋側の記録には、騎馬遊牧民は五〇万の兵力で攻めてきた、と残っていますが、実際はそれほどでもなく、一〇万人程度と言われています。ただ、モンゴル帝国の騎兵の一人ひとりが約五頭の馬を引き連れ、乗っている馬が疲れると別の馬に騎乗して攻め込みました。

そのため、西洋側の兵隊から見れば、大量の騎兵が押し寄せてきたように錯覚します。この錯覚は、モンゴル帝国軍の軍事力が圧倒的に優位であるからこそ起こりうる現象で、相手の戦闘意欲に大きなダメージを与える心理作戦として機能したのではないでしょうか。

そして、モンゴル帝国は、軍事的に征圧した国の人々や富・財産を強圧的に支配します。したがって、モンゴル帝国をはじめとする騎馬遊牧民にとって、軍事力と経済力は一体であり、切っても切り離せない覇権を支える条件でした。

広大な領土を獲得し、強靭《きょうじん》な軍隊を常備すると、その軍隊を経済的に支えるために、さらに領土を拡張し、周辺諸国から富を略奪しなければならなくなります。これは、ローマ帝国をはじめとする古代の世界帝国も同様です。

覇権国家が興隆し、それを持続・発展させるには、さらなる軍事力、経済力、領土拡張が必要不可欠だった、ということでしょう。

なぜ、ヴェネチアは経済力だけで生き残れたのか――本村

しかし、広大な領土を持たず、経済力だけで生き残った国家があります。

それは、七世紀末から一七九七年にナポレオン・ボナパルトに滅《ほろ》ぼされるまで、「アドリア海の女王」などと称《たた》えられたヴェネチア共和国です。ヴェネチア共和国の属州《ぞくしゅう》は、アドリア海沿岸のわずかな地域だけで、ペルシア帝国やローマ帝国のように広大な領土を持っていませんでした。しかし、海軍力を背景に地中海貿易を営《いとな》み、一〇〇〇年以上も国家を存続させ、そのうちの五〇〇年は非常に繁栄したと言われています。

したがって、ある国家が長期にわたり存続するためには、軍事力と経済力を支えるため

の国家体制や政治体制といったポリティカルな制度も重要な要素だと思います。

ヴェネチア共和国は、君主的な体制を非常に嫌っていました。ヴェネチア共和国より、はるか以前のローマ帝国も、興隆期の五〇〇年間は共和政システム（近代以降は共和制、古代史では共和政を用いる）を貫《つらぬ》き、独裁者の出現を防いでいました。

ローマ帝国は最終的に共和政に行き詰まり、紀元前二七年、ローマの英雄ユリウス・カエサル（紀元前一〇〇～同四四年）の養子オクタウィアヌス（紀元前六三～紀元一四年）が、アウグストゥス（尊厳なる者）という称号を得て、初代皇帝（在位・紀元前二七～紀元一四年）に就《つ》き、帝政に移行します。しかし、ヴェネチア共和国は、最後まで君主制を否定し続け、国家を維持したのです。

共和政国家は、君主制や独裁制にはない強みが発揮できます。ヴェネチア共和国のドージェ（元首）を選ぶ制度は、まずくじを引いて何人かを選び、選ばれた人がまたくじを引き、最後にひとりの元首を決定するシステムです。国家元首になれば、独裁的な側面があるわけですが、元首には補佐役をつけ、さまざまな施策を相談して決定しています。

しかし、政治には補佐役といちいち協議している暇《ひま》はない、誰かが決定しなければならない緊急を要する局面もあり、古今東西どの国でも、皇帝、大統領、総理大臣などの最高権力者がいます。

ヴェネチア共和国の人々は、最高権力者の行動を規制するシステムを作っていました。つまり、独裁者を徹底的に排除する意識が強いのです。これは、世界史的に見ても希有《けう》なケースであり、現代の民主主義国家に通じる叡智《えいち》ではないかと思います。

エネルギーとしての奴隷《どれい》制度――渡部

ここで考えたいのは、覇権国家に征服された国や異民族の人々がどのように扱われたか、ということです。多くの場合、戦争で負けた被征服民は皆殺《みなごろ》し、もしくは奴隷にされた、と私は考えます。

ヨーロッパに興《おこ》った古代の世界帝国では、国家を維持するために奴隷が必要でした。なぜなら、農作業、衣服などの工業製品の生産、道路・建築物の造成などの労働力を奴隷が担《にな》っていたからです。

現代は、農業でも建設業でも、電気やガソリンさえあれば、相当程度、機械が仕事をしてくれます。古代も機織《はたお》り機や簡単なクレーンなどがありましたが、それを動かすのは奴隷です。つまり、奴隷は、現代の石油や石炭に匹敵するエネルギーだったのです。

しかし、中世になると奴隷制は消えていきます。それを大規模に復活させたのは一六〇〇年代にイギリスからバージニア植民地に入植した、のちにアメリカ人と言われる人々です。そして、奴隷制は一八六五年に廃止されるまで二〇〇年以上続き、一八六〇年のアメリカの国勢調査によれば、奴隷人口はおよそ四〇〇万人に達《たっ》していました。

では、なぜアメリカで奴隷制が復活したのでしょうか。それは、アメリカがイギリス国教会の改革を唱えたピューリタン（清教徒《せいきょうと》）によって建国されたから、とされています。ピューリタンは、マルティン・ルター（一四八三〜一五四六年）による一五一七年の宗教改革後、ローマ教皇庁を中心とするカトリック（旧教）から分かれたプロテスタント（新教）に属します。したがって、カトリックの中世を理解できないのです。

彼らが理想としたのは、中世を跳《と》び越えてギリシア、ローマなどの古代国家です。中世は、彼らにとって「暗黒時代」と思われていたのです。このため、建築物もローマ帝国を模《も》し、中世のゴシック建築物のように尖《とが》ったものを造ることはありませんでした。また、政治システムは古代のアテナイやローマを模範としています。

そして、ローマの奴隷制に倣《なら》い、アフリカから黒人を大量に輸入し、奴隷としたのです。その結果、黒人奴隷は広大な綿花《めんか》畑を有する、アメリカ南部を中心に増加していきました。また、鉄道建設などの重労働のために、中国から苦力《クーリー》という奴隷を輸入したのです。

つまり、アメリカを近代の帝国と定義するのであれば、その興隆を支えるエネルギーとして、黒人やクーリーなどの奴隷が重要な役割を担っていた、と言えるでしょう。

ちなみに、奴隷をラテン語では「セルブス」と言いますが、これは英語の「サービス（奉仕）」の語源になったものです。そして、奴隷を意味する英語「スレイブ」の語源は、スラブ民族に由来しており、これは神聖ローマ帝国の初代皇帝オットー大帝（在位・九六二～九七三年）が東方を攻め、スラブ民族を大量に奴隷にしたことが由縁となっています。

意外に少ないローマ帝国の奴隷——本村

中国系アメリカ人のエイミー・チュアが著した『最強国の条件』によれば、最強国によって征圧された人々は、見せしめの意味もあり、殺されることが多く、特に反抗した人々は徹底的に殺された、とあります。しかし、最初から恭順の意を示してきた人々は、それなりに優遇していたようです。

奴隷はエネルギーだった、という渡部先生のご意見に反論はありません。

古代のアレクサンドリアに集まっていた学者たちの科学知識や技術力は、十八世紀のイギリス産業革命の一歩手前ぐらいまで進み、蒸気力にも気づいていました。しかし、奴隷制のため、それらの科学知識を実用化することはありませんでした。奴隷がいれば、あえて蒸気機関を造る必要はありません。荷物を運ぶのも、紡績するのも奴隷にやらせればいいのですから。

ローマで奴隷制が一番発達した時の奴隷人口は意外に少なく、全人口の20％程度。この数でローマ社会を円滑に運営できるのか、という疑問は残りますが、歴史学では全人口の20％以上が奴隷なら、奴隷制社会と言います。

全人口の20％以上が奴隷といっても、下層に属するローマ市民は奴隷を持てず、中層民でひとり、上層民は複数の奴隷を所有していた、というのが実情です。この背景にあるのは、「パクス・ロマーナ（ローマの平和）」により、戦争が減少したためです。辺境地で小さな戦争はあっても、戦争捕虜《ほりょ》（奴隷）を大量に獲得できるような大戦争は、カエサルのガリア遠征（紀元前五八～同五〇年）以来、ほとんどなくなりました。その後、ローマ帝国がドナウ川を越え、最大版図を築いたダキア戦争（一〇一～一〇二、一〇五～一〇六年）まで一五〇年以上の年月が流れたことを踏まえれば、奴隷制の維持がいかに困難か理解できるでしょう。

しかし、ローマ帝国の奴隷制はその後、三〇〇～四〇〇年も続いています。新たな奴隷を獲得せずに、どのように奴隷を確保したのでしょうか。これは古代史のテーマのひとつでもあります。

まず、考えられるのは、奴隷の子どもを奴隷にすることです。ところが、厳密に調べると、古代ローマの奴隷の75％は男です。つまり、奴隷四人のうち女はひとりしかいないのです。女奴隷が妊娠し、子どもを産むと子育てが必要ですから、その期間、彼女は使えません。しかも、当時の乳幼児の死亡率は非常に高く、約半数は成人するまでに死んでしまうため、奴隷を四人増やすには、ひとりの女奴隷が最低八人の子どもを産まなければなりません。これでは、現実的な奴隷再生産法と言えません。

そこで目をつけたのが、捨て子です。これは私の博士論文のテーマでもありますが、捨て子を奴隷にしたという仮説は、大きな可能性があると思っています。戦争で捕虜になった奴隷は、もともと自由民としての記憶があります。ですから、主人への反抗心も強いですが、捨てられた子を奴隷として育てれば、忠誠心が強く、一番活用しやすい、生まれながらの奴隷に仕立てることが可能です。

それは、一九八九年のルーマニア革命で殺された、チャウシェスク大統領の親衛隊を連想させます。彼は捨て子を集め、幼児の頃から自分を命がけで守る親衛隊員としての教育を施《ほどこ》していたそうです。

少々殺伐《さつばつ》とした話になりましたが、ローマ帝国の奴隷制を維持するためにはこのような、現代的に考えれば、非情な手段が採られていたのではないかと思います。

高度な文明は、国家の滅亡後も残る——渡部

国家が繁栄し、高水準の文化が花開く——。覇権国家とは何か、と考えた時、その国の

文化的価値にも言及しなければならないでしょう。

文明は、ごく最近まで、都市にのみ発生するものでした。言い換えれば、都市が発達すれば必ず文明が興《おこ》るのです。また、文明を創り、その根幹となる「自由」という概念は、農村社会には発生しません。

したがって、国家の支配力が強大になり、都市が繁栄し、自由という概念が浸透《しんとう》すればするほど、さまざまな思想、宗教、科学、芸術などが発達します。そして、高い水準の文明と強力な支配力が相乗し、より強固な都市が造成されるのです。

その点、日本は非常に特殊です。平城京や平安京は唐《とう》の都《みやこ》、長安《ちょうあん》を模倣《もほう》して建設されていますが、長安とは違い、都市を建設するうえで一番重要な「城壁」がありません。

ヨーロッパや中国の古代都市は城壁に囲まれています。そのなかで生まれた文化や文明が発展するのは、強力な城壁と武力に守られているからです。したがって、武力が弱くなれば、他国に容易に侵略され、文化も潰《つぶ》されてしまいます。

重要なことは、その都市がたとえ滅亡しても、高い文明は、周辺諸国や後世に受け継がれていくということです。

たとえば、アテナイは古代ギリシアの都市国家のひとつにすぎず、国の大きさも取るに足りません。しかし、アテナイで生まれた民主主義や議会制は、今でも世界を動かす根幹的な政治思想・体制です。また、ソクラテスからプラトン、アリストテレスと受け継がれたギリシア哲学は、現代の人文科学はもちろん、自然科学にも大きな影響を与えています。

このように、アテナイには非常に高い文明が栄えていましたが、紀元前三三八年、フィリッポス二世が率《ひき》いたマケドニア軍との戦い（カイロネイアの戦い）に敗れて政治的な独立を失うと、徐々《じょじょ》に衰退し、さまざまな蛮族やイスラム国家に支配されました。つまり、アテナイ人の子孫は、アテナイ全盛期の文化を直接受け継ぐことができなかったのです。

しかし、国家が衰退しても、アテナイが築き上げた理念やその到達した高い文明は、現代まで生き残っています。アテナイの学問は古代のローマ帝国をはじめ、近代のフランス、ドイツなどに影響を与え、イギリスに議会制度を定着させました。また、アメリカが建国時に模範としたのは、古代ギリシアやローマです。つまり、すでに滅亡した国の理念を生かしているのです。

いっぽう、シナ文明の根本にあり、孔子《こうし》（紀元前五五一頃〜同四七九年）が確立した儒《じゅ》教《きょう》文化は、突き詰めれば、殷《いん》（紀元前十七世紀頃〜同一〇五〇年頃）を倒して王朝を開いた周《しゅう》（紀元前一〇五〇頃〜同二五六年）の文化にすぎません。

孔子が存在した周の末期は、周の思想も忘れ去られようとしていました。孔子は、その思想が消え去るのを惜《お》しみ、弟子たちと懸命《けんめい》に「五経《ごきょう》（『易経《えききょう》』『書経《しょきょう》』『詩経《しきょう》』『礼記《らいき》』『春秋《しゅんじゅう》』）」を編述しました。孔子は、謙遜《けんそん》して「述べて作らず」、つまり、儒教は自分の独創ではない、編纂《へんさん》したものだと言っていますが、現代のわれわれから見ても、周の思想は、他と隔絶して高いと感じます。

しかし、残念ながら、周の民族は消えていきます。周が到達した高い文明や文化は、漢字という姿や儒教という形で残りましたが、周民族は、魏《ぎ》、呉《ご》、蜀《しょく》の三国が鼎立《ていりつ》した三世紀の終わり頃までに消滅しています。その後に成立した統一政権の隋《ずい》は、孔子から見れば、鮮卑《せんぴ》族だったのです。鮮卑族は、文字どおり漢民族が鮮卑と蔑《さげす》んだ民族です。しかし、周の文明に対する尊敬は残っていました。

文化大革命（一九六六〜一九七七年、後述）で行なった「批林批孔《ひりんひこう》運動（毛沢東《もうたくとう》の政敵である林彪《りんぴょう》と孔子を否定する運動)」で孔子と儒教を徹底的に排撃したにもかかわらず、今では、中国共産党政府はずうずうしくも「中華民族の先祖は孔子だ」などと言っています。しかし、現在の漢民族と周の人々に民族的なつながりはありません。

古代ギリシアやローマ、周などが築き上げた高い文明は、たとえ国や民族が滅んでも、現代まで連綿《れんめん》と受け継がれている。やはり、隔絶《かくぜつ》して高い文明は、生き残り方が違うという印象を受けます。

ギリシア文明を読み解く「アゴーゲー」――本村

アテナイの国家のあり方を考えた時、アメリカ出身のイギリス人古代史家モーゼス・フィンリーが指摘した「インターナショナル（国際間）ではなく、インターポリティカル（国政間、都市国家間）」が参考になります。

つまり、アテナイは、のちのマケドニアやローマなどの国際規模の国家とは異なり、あくまで都市国家のレベルを超えることがない市民社会だということです。

英語に「シビリゼーション（文明）」や「シビリアン・コントロール（文民統制）」とい

う言葉がありますが、これらはラテン語の「キヴィス（市民）」という概念から派生しています。つまり、都市国家の政治、経済、文化に対する市民の影響力はことのほか強く、文明の隆盛にも密接に結びついていることは明らかです。

ギリシア史では、ギリシア人は「アゴーゲー」という観念が非常に強い、と言います。アゴーゲーとは、ギリシア語で競《きそ》い合うという意味で、その概念にもとづいてオリンピックなどの競技が発生したのですが、ギリシア人にアゴーゲーの意識が強くなった背景には、ポリス間の競い合いがあったと思います。

たとえば、アテナイを中心としたデロス同盟とスパルタを中心としたペロポネソス同盟との間に、古代ギリシア全域を巻き込んだペロポネソス戦争（紀元前四三一〜同四〇四年）が起こり、最終的にはペロポネソス同盟が勝利を収めます。しかし、ペロポネソス同盟側はデロス同盟を自《みずか》らの国家のなかに取り込むことはなく、アテナイにスパルタ主導の三十人政権を打ち立て、戦後処理を行なう程度でした。

要するに、戦争で競い合っても、勝利国が敗戦国に影響力を及ぼす程度にとどまっているところに、ギリシアの特殊性があるのです。

ギリシア以前のメソポタミアやシュメール時代にも、ウルやウルクと言われる都市国家がありました。しかし、当時の都市国家は物質的な限界、すなわち覇権の基盤となる軍事力を支える経済力や生産力がなく、覇権を唱えることができませんでした。

しかし、古代ギリシアでは、そのような物質的な限界よりも、彼らのアゴーゲーという観念が、特定の覇権国家の出現を妨《さまた》げたのだと思います。そして、文化面でもおたがいに競い合うことで、哲学や文学などにも反映され、ギリシア全体をより高い文明に導いた。つまり、ギリシア文明はアゴーゲーの賜《たまもの》と言えるのではないでしょうか。

とはいえ、なぜ、古代のギリシアに、現代にも通ずる高い文明が興ったのか、われわれ歴史家も現象をとらえるだけで、その理由はわかっていません。

ただ、ドイツの精神科医であり、哲学者でもあるカール・ヤスパースが「枢軸時代《すうじく》」という概念を設《もう》けています。これは、「紀元前十世紀から紀元前四世紀頃までの間に、今の世界の基本的な思想はすべて出ている」というものです。

確かに、中国の孔子、インドのウパニシャッド哲学（紀元前七世紀〜同六世紀）と釈迦《しゃか》（紀元前五六三頃〜同四八三頃年、諸説あり）、ペルシアのツァラトゥストラ（ゾロアスター教の創始者、紀元前七世紀頃)、旧約聖書(紀元前十世紀〜同一世紀)、そして、ギリシアの自然哲学(紀元前六世紀〜同五世紀)などは、五〇〇年という短期間に、世界各地で突然発生しています。これは本当に不思議な話です。

ちなみに、五〇〇年ぐらいは古代史では同時代と見なすこともあります。

強大な軍事力が文化・文明を生む――渡部

歴史的に繁栄した国家には、文化・文明が必ず開花します。さらに、富も集中します。しかし、それ以前に、強大な軍事力がなければ、国家を繁栄させることはできません。

たとえば、さきほど本村先生も触れられた初期のモンゴル民族に、遊牧民族特有の習慣・風習はあったとしても、後世に影響を及ぼすような特筆すべき文化や文明はなかったのではないでしょうか。

彼らは馬を操《あやつ》る技術に長《た》けていたので騎馬戦に強く、馬に乗れない民族や中国を征服し、やがて、東洋と西洋を結ぶ総人口が一億人を超え、地球上の陸地の25%を占めたと言われる大帝国を築き上げました。すると、広大な領土と民衆を統治するための制度が必要になってきます。

元朝の行政制度や経済運営は、南宋の制度を継承したものが多いのですが、元朝独自の制度としては、「行中書省《こうちゆうしよしよう》」という分割統治制度により、言語圏ごとに「省《しよう》」という行政区に分割して統治したことが挙げられます。

今の中国も広東《カントン》省、四川《しせん》省、遼寧《りようねい》省など二三の省、五つの自治区、四つの直轄市に分けられ、統治されていますが、これは元朝の名残です。われわれは、中国の省は隋、唐《とう》の時代からあったと考えがちですが、実はモンゴル民族が元朝の時代にはじめて設けた制度です。

さらに、元朝は隋、唐から連綿と整備されてきた「駅伝制《えきでんせい》」を完成させます。この制度は、首都の大都《だいと》（現・北京《ペキン》）を中心とする主要道路の一〇里《り》ごとに「駅」を設け、周辺の住民から地方へ旅する官吏や使節に人馬や食料を提供させるという国内制度ですが、シルクロードを通じた東西の通商も活発にしました。

チンギス＝ハンは、通商を邪魔《じやま》する者を徹底的に排除しましたが、元朝もその伝統を受け継いだということです。また、元朝は大運河の改修を通じ、中国の南北の流通を活発にしたり、東南アジアへの海上ルートを整備したりして、国力を高めていきます。すると、庶民文化も栄え、「元曲《げんきょく》（中国の古典劇）」なども流行します。

このように、遊牧国家とも言えるモンゴル帝国から大帝国・元に発展すると、さまざまな制度が整備され、文化が花開いていくわけですが、それを支えたのは強大な軍事力にほかなりません。つまり、軍事力があればこそ、周辺国家の文化や文明を取り込み、独自の文化を醸成《じょうせい》させることができるのです。

ヨーロッパとアメリカは、ギリシアとローマの関係に似ている――本村

文明が先か、軍事力が先かというお話ですが、軍事力がなければ文明にともなう国家が成立しないのですから、やはり、軍事力が先だと思います。

しかし、軍事力で征服できるのは最初の段階だけで、文明が永続したとしても、国は最後は衰退します。したがって、前述のように、国が衰《おとろ》えても時代を超えて後世に影響を与え続けるギリシア文明のようなものが、本物の文明だと思います。

しかし、ギリシア人はインターポリティカルですから、圧倒的に武力が強いわけではあ

りません。つまり、高度な文明は強大な武力を持たない国家にも発生し、高度な文明を誇っても、軍事力が弱いと国は滅びるということでしょう。

ローマの詩人ウェルギリウスは、「征服されたギリシアが征服者を虜《とりこ》にした」との言葉を残しています。これは文字どおり、ローマは軍事的にはギリシアを征服したけれど、文化的にはギリシアに魅了された、ということです。

たとえば、ローマの知識階級や富裕階層はギリシア語を学び、英雄カエサルも二〇歳前にギリシアのロードス島に留学しています。ローマ人にとってギリシア語は、現代の英語のような、身につけなければ文化人や教養人として扱われない、必須言語だったのです。

また、シチリア島やイタリア南部には、非常に早い時期からギリシア人が入り込んでいたので、少なくとも三～四世紀まではラテン語よりギリシア語のほうが通用したようです。繰り返すようですが、ギリシア文明は言語以外にも、政治、文学、哲学、芸術、医学など幅広い分野でローマに影響を与えています。

この関係は、十九世紀に軍事力と経済力を増強し、ヨーロッパの強国に肩を並べたアメリカとヨーロッパの関係に酷似しています。古代ローマがギリシアの文化的側面に支えられて発展したように、当時のアメリカも、イギリスをはじめとするヨーロッパ諸国のバックアップにより成り立っていました。

そして、アメリカが急速に台頭した二十世紀に入っても、その関係に変化はありませんでした。「実存主義」を主唱したサルトルや、「構造主義」の旗手とされた哲学者フーコーなどのヨーロッパの新しい思想や、イギリス出身のビートルズやローリング・ストーンズのロックンロールに、アメリカ人はおおいに影響を受けたのです。

アメリカ文化の席巻《せっけん》──渡部

ヨーロッパとアメリカの関係は、ギリシアとローマの関係に非常に似ている、というご指摘は的確だと思います。経済的、軍事的にアメリカがヨーロッパを凌駕《りょうが》しても、アメリカの知識人はヨーロッパに頻繁《ひんぱん》に行きました。

たとえば、一九四八年のノーベル文学賞を受賞した詩人T・S・エリオットは、アメリカに生まれ、イギリスに帰化《きか》しています。彼はアメリカからイギリスに行き、学び、成功した典型的な人物です。

しかし、長い間、一定の関係が続くと、その関係に変化が生《しよう》じてきます。私が学生の頃、英語史の授業でよく聞かされましたが、アメリカの批評家H・L・メンケンは「今、アメリカン・イングリッシュと言われているけれど、アメリカン・イングリッシュが本当のイングリッシュであり、イギリスの英語のほうが方言なのだ」と戦前のアメリカ人に言い、喜ばせていたそうです。ここには、まだ、アメリカ人のヨーロッパ文明に対する劣等感を感じます。

アメリカ人がヨーロッパ文明に対し、本当に自信を持ったのは、やはり第二次世界大戦のあとでしょう。私は、一九五五年にドイツの大学に留学しましたが、そこにアメリカから来たマウラーという客員教授がおり、彼は何かにつけて「いずれにしても、これからの世界はアメリカ的になる」と言っていました。

これは、結果的に正しかった。本村先生がおっしゃったように、一九六〇年代から七〇年代にかけて、ビートルズやローリング・ストーンズなど、イギリスから発生した音楽にアメリカ中が熱狂しました。しかし、今ヨーロッパのムーブメントがアメリカを席巻することは、あまりありません。

現代社会になくてはならない、コンピュータ、インターネットはアメリカから発信されました。グーグルもフェイスブックもアメリカ企業です。マクドナルドは、一九七一年にはじめて銀座で発売された頃、「あんなもの、食えるか」というのが多くの日本人の印象でした。しかし、ハンバーガーは若者たちから熱烈な支持を得て、現在に至っています。労働着として生まれたジーンズもアメリカ生まれですし、ディズニーのエンターテインメントは世界中を虜《とりこ》にしています。

つまり、第二次世界大戦の圧倒的な戦勝国のアメリカ文化に、戦後約七〇年を経ても、世界中が席巻されているのです。その意味で、大戦以前のヨーロッパとアメリカの関係は完全に逆転しています。今後もアメリカ発の文化が世界に広がることがあっても、ヨーロッパの新しい文化が広がる可能性は少ないでしょう。

覇権の象徴である「基軸通貨」――渡部

現在、アメリカの通貨ドルが世界の「基軸通貨」として流通しています。基軸通貨を持つことが覇権を唱えるために必要か、というテーマには議論があるでしょうが、通貨は権力の象徴であり、国家繁栄に不可欠なものだと私は思います。それは、古代の世界帝国から変わっていません。

金や銀などの貴金属を通貨にし、それをデバリューしない（ごまかさない）のは大変な権力です。わかりやすい例が、日本の江戸時代に発行された慶長《けいちょう》小判です。慶長小判の当初の金含有量は84・3〜86・8％と非常に高かったのですが、鎖国下での金の産出量は限定されますから、そのまま発行し続ければ、幕府の財政は困窮します。

そこで、金の含有量を減らし、鉛《なまり》の含有量を増やせば、小判一回の発行で幕府は何百万両ももうかるという発想が生まれます。五代将軍徳川綱吉《とくがわつなよし》の時にそれを主張したのが、荻原重秀《おぎわらしげひで》です。彼は「金を含有した小判など必要はない。極論を言えば、通貨は瓦《かわら》でもいい」とまで言いました。

これは、「政府（幕府）に信用があれば、その政府が発行する通貨は保証される。したがって、その通貨じたいに金や銀など価値のある貴金属を使う必要はない」というドイツの統計学者クナップが、二十世紀初頭に発表した「貨幣国定学説」を二〇〇年以上前に先《さき》取《ど》りした財政観念です。

彼は幕府の財政危機を救った中心人物ですが、その主張はさすがに通用しませんでした。そして、新井白石《あらいはくせき》などから激しく批判され、失脚します。ただ、通貨と権力の関係をいち早く洞察した天才的な人間のひとりだと思います。

いっぽう、中国の通貨の基準は銀でした。しかし、銀は大量に持ち運ぶのが難しいため、元朝は「交鈔《こうしょう》」という紙幣《しへい》を作りました。紙幣は便利ですから、国家権力はどんどん増刷しますが、刷りすぎればインフレにつながります。これが、国家権力の衰退につながり、元朝の滅亡原因のひとつである、という説もあります。

その後、中国では明《みん》が興隆するのですが、明朝は「元朝が滅んだのはこんな無秩序な通貨政策を採ったからだ」として、紙幣を制限しました。また、明の影響を受けて成立した韓国の李《り》王朝では、貨幣経済はきわめて限定的でした。

ちなみに、江戸時代の日本でも、財政的に困窮した各藩は「藩札《はんさつ》」と称する紙幣を発行しました。幕府は発行を禁じたり、制限したりしましたが、徳川家の力が衰えた幕末期には幕府に隠れて藩札を発行する藩も少なくありませんでした。それだけ、国家体制と通貨管理は濃密に関与しているのです。

ローマの金貨に倣《なら》ったアメリカのドル――本村

現代の文明を考えるうえで、私が一番興味深いテーマと考えるのは、紀元前一〇〇〇年あたりを境《さかい》に、東地中海のパレスチナ周辺で、アルファベットと一神教と通貨が同時に発生したのはなぜか、ということです。

もちろん、同時と言っても五〇〇年ほどの幅はありますが、世界史の長い流れを考えれば、ほとんど同時代です。

それ以前にも、バビロニアやエジプトに、国家やそれに相当する権力がありました。しかし、それらの国々の税金や物流の基本は現物《げんぶつ》です。しかし、それが通貨の出現により、異文化との交流が可能になったのです。裏を返せば、ある覇権国家が通貨をベースに、隷《れい》属《ぞく》国との文化や経済の交流を促《うなが》し、植民地を管理しやすくしたという側面があるのだと思います。

通貨が覇権の象徴かどうかは別にして、貴金属の金や銀を支配するのは渡部先生のご指摘のとおり、支配者の力です。現代のように紙幣が通用するまでは、金貨や銀貨が信用に直結する実質貨幣だったのはまちがいありません。

「幕藩体制のなかで、幕府の意向を無視して藩札を発行する藩が増えた」と渡部先生は述べられましたが、ローマでも、属州が勝手に青銅貨《せいどうか》や銅貨を発行することがありました。しかし、ローマ帝国はその属州だけで流通するならば、青銅貨や銅貨にはあまり干渉しませんでした。

しかし、それが金貨や銀貨になると許容しません。貴金属は完全に国家が管理する――ここに、覇権国家の権力のあり方が象徴されているのではないでしょうか。しかし、そのようなローマ帝国も、通貨政策で失敗し、「三世紀の危機」と言われる局面を迎えます。

共和政の末期まで、ローマ帝国の通貨は銀貨が中心でしたが、やがて、為政者《いせいしゃ》が徐々に銀の含有量を減らしていきました。しかし、ローマ市民は「これは一デナリウス（ローマ帝国の通貨単位）とされても、一デナリウスでは通用しない」とわかっています。

その結果、インフレが加速し、ローマ帝国は衰えていきます。これは、「軍人皇帝時代」と言われ、元老院の認可を受けた正式な皇帝は二六人、自称を含めれば七〇人を超えるなど短命政権が乱立した混乱の時代です。この背景には、ここまで述べてきたように、ローマ通貨の信用の失墜《しっつい》が大きな影響を与えています。

その後、コンスタンティヌス帝（在位・三〇六～三三七年）が通貨改革を行ないます。「ソリドゥス金貨」の鋳造《ちゆうぞう》がそれです。一枚のソリドゥス金貨の金含有量は四・四八グラムとされ、きわめて純度の高いものでした。そして、この含有量を「絶対に変えるな」と、コンスタンティヌス帝は厳命したのです。

純度が高いこの通貨は大歓迎され、国内はもとより国外でも高い信用力を持ちました。そして、地中海諸国、ビザンツ帝国、あるいはその周辺のドイツやフランスなどで約七〇〇年も通用したのです。

このように考えると、通貨の価値はその国の信用力にほかなりません。したがって、基軸通貨は覇権国家に必要不可欠のものだと思います。今、中国は元《げん》を世界の基軸通貨にしたいと思っているようですが、これは難しいと言わざるを得ません。世界の国々が中国をどれだけ信用しているでしょうか。なるほど、その経済力には半分は羨望《せんぼう》の眼差しを向けていますが、一党独裁の政治体制や環境、人権問題などを冷《ひ》ややかに見ています。そのような国の通貨が世界の基軸通貨になるでしょうか。

なお、ドルを表わす貨幣記号が、なぜ「D」ではなく「$」を使うかというと、ソリドゥス金貨のように長く通用する貨幣であってほしいとの願いを込めて$とされたから。つまり、ローマ帝国の通貨政策は、現代のアメリカにも脈々と受け継がれていると言えるのです。

興隆《こうりゅう》国家に共通する国民の精神性――本村

序章の最後に、覇権・繁栄の条件として、国家を構成する国民の精神性を指摘しておきたいと思います。よく言われることですが、民族や国家の興隆には、その途中段階で、まじめで勤勉な国民たちがおり、それが国家の繁栄に関わっています。

私がイメージするローマ人は、体力的には北方のガリア人に負け、人口はイベリアに敵《かな》わないし、技術力でエトルリア人に劣《おと》り、学問や文化ではギリシアの後塵《こうじん》を拝《はい》する。

それでは、ローマ人は何を以《もっ》て、一二〇〇年もの長きにわたる世界帝国を築き上げたのでしょう。それは、ローマ人の勤勉さに加え、宗教的なまじめさがあったから、と言われています。

古代ギリシアの歴史家のポリュビオスは「ローマ人の宗教的なまじめさに対しては非常

に敬服している」と述べ、共和政ローマの政治家で雄弁家のキケロも「われわれがもし周辺諸国の連中に勝てるとしたら、宗教的な『ピエタス（敬虔《けいけん》さ）』があることだ」と記《しる》しています。

ローマ市民は、四つの美徳——遵法《じゅんぽう》精神、権威の尊重、戦時の犠牲精神、宗教への敬虔さを持っていたと言われています。この美徳は時代により微妙に変わっていきますが、「ウィルトゥース（徳）」が一番重要で、それは勇気という男らしさであり、人間らしさであるとされました。このような精神が高揚《こうよう》する時、国家や社会は興隆します。

時代は遡《さかのぼ》り、国も違いますが、明治維新《めいじいしん》以降の日本の興隆期にも、司馬遼太郎《しばりょうたろう》氏が『坂の上の雲』で著したように、この種の精神が日本人にもありました。

一九〇二年から日本に七年間留学していた作家魯迅《ろじん》は、その精神が高揚していく日本と清《しん》国は「決定的に違う」と言っています。当時、清国人の日本人に対するイメージは、最近の日中関係以上に悪化していました。なにしろ、清国は属国《ぞっこく》と思っていた日本に戦争で負けたのですから。

しかし、魯迅は「日本に対してどんな悪口を言ってもいいけれど、日本人のまじめさだ

け は忘れるな。これを学べ」と言っています。彼は恨《うら》まれてもいいという覚悟を持って、清国の青年たちを諭《さと》したのです。

国家繁栄の条件——渡部

確かにローマ人には、ウィルトゥースという美徳がありました。ずいぶん前に、田中美《たなかみ》知太郎《ちたろう》京都大学名誉教授をお招きして、少数の大学院生とお話を伺《うかが》ったことがあるのですが、先生は「ローマを考えるうえで、ウィルトゥースという観念は非常に重要なことだ」とおっしゃいました。

ウィルトゥースは英語では「virtue（美徳）」であり、「vir（男）」という言葉から出ています。男らしさが一番の元であると。それでは、男らしさとは何かというと、自分の生命以上の価値観があるという信念を持った者である、という説明をされました。

ローマ帝国は、最初から大きな版図を持っていたわけではありません。勃興当時は、日本の戦国時代の上杉謙信《うえすぎけんしん》や武田信玄《たけだしんげん》ぐらいの領土しかありませんでした。それが周辺諸国と戦い、勝利を収め、だんだん大きくなっていくのです。その元になったのはvirtueであり、そのvirtueのなかには「fortitude（不屈の精神）」なども含まれます。

国家の隆盛・発展には、国民にウィルトゥースやピエタスのような価値観や生《き》まじめさ、勤勉さが必要不可欠なのです。その意味で、現代の覇権国家アメリカの建国当時の精神性も、それに当てはまります。

一六二〇年、メイフラワー号に乗ってイギリスから新大陸に移民したわずか一〇二人のピルグリム・ファーザーズの末裔《まつえい》は、さまざまな困難を克服し、一七七六年にフィラデルフィアで独立宣言を発《はっ》し、建国しました。

その後、フロンティア精神を元に西部開拓時代を迎え、西方に領土を拡大していきます。現在の価値観からすれば、アメリカ大陸の先住民に対する虐殺《ぎゃくさつ》・圧迫は大きな問題ですが、国家を隆盛・発展させた当時のアメリカ人の精神性は、ローマのウィルトゥースやピエタスに似ていると思います。

日本の明治期、北海道大学に教頭として赴任したアメリカ人のクラーク博士は、日本の学生に対し「Boys, be ambitious...（青年よ、大志《たいし》を抱《いだ》け）」と言い、アメリカ・マサチューセッツ州のアマースト大学に学び、クラーク博士と交流のあった新島襄《にいじまじょう》は帰国後、同志社大学を創設し、日本国民に新しい息吹を吹き込みました。

建国の精神を受け継ぐアメリカ人と交流のあった幕末から明治期の日本人には立派な人が多く、謙虚《けんきょ》に先進欧米諸国に学ぼうとしました。彼らの精神的支柱には、ローマのウィルトゥースと同じような、日本独自の「武士道」という精神がありました。

武士道の概念にはいろいろな解釈がありますが、簡潔に述べれば、恥と名誉を重んじたこと。そして、いつでも腹を切る（責任を取る）覚悟を持っていた。このような厳格な教育の下《もと》で鍛えられた、明治初期の人間の精神性が日本の繁栄の礎《いしずえ》を築き、それを発展させた人々によって、紆余《うよ》曲折《きょくせつ》を経ながらも、日本を世界の一流国に発展させたのです。

この精神性は、ローマ興隆時代のローマ人と似ている気がします。次章では、ローマ史研究の専門家である本村先生に、ローマ帝国の興亡について詳しくお話を伺います。

第一章

ローマ——世界帝国の典型

強圧の帝国・アッシリア――本村

この章ではローマ帝国について話を進めていきますが、まず、ローマも含めた世界帝国とは何か、考えてみたいと思います。ローマ帝国以前の世界帝国として、歴史学者はアッシリア、アケメネス朝ペルシア、マケドニア出身のアレクサンドロス大王の帝国の三つのモデルを挙げています。

アッシリアは紀元前二千年紀（紀元前二〇〇〇～同一〇〇一年）初頭に、北メソポタミアに興《おこ》った王国に始まります。アッシリア語の時代変化にもとづいて、初、古、中、新の四期に区分されますが、アッシリア帝国と言う場合、新アッシリア王国のティグラト・ピレセル三世（在位・紀元前七四五～同七二七年）の即位から、アッシュールバニパル（在位・紀元前六六八～同六二七年）の治世までの約一二〇年間を指します。

この間、アッシリアは全オリエント（地中海以東のエジプトから西アジア）に版図を拡《ひろ》げましたが、紀元前六一二年に領民の攻撃を受け、首都ニネヴェが陥落すると、あっさりと滅亡。その領土はエジプト、リディア、新バビロニア、メディアの四王国に分裂してしまいます。

アッシリア帝国は短命ではありましたが、異民族、異言語、異文明の人たちを広く支配した史上初の世界帝国です。

アッシリアは属州に対し、軍事力を前面に押し出し、強圧的な政策で臨《のぞ》み、圧倒的に支配力を強めます。その典型的な統治政策は、属州民を強制的に移住させる大量捕囚《ほしゅう》です。強制捕囚じたいは古代オリエント世界に広く見られた統治政策ですが、アッシリア帝国のそれは、組織性と規模において史上類《るい》を見ない大規模なものでした。また、重税をかけていたため、属州民からの反感は非常に強く、やがて反乱につながります。

このアッシリア帝国をあえて名づければ、「強圧の帝国」と言えるでしょう。そして、アッシリア帝国の隆盛から滅亡までの流れは、その後に出現する世界帝国に、異民族支配の形と末路をはっきり示唆《しさ》しました。

寛容の帝国・ペルシア――本村

史上二番目の世界帝国として出現したアケメネス朝ペルシアは、アッシリアの悪例を学習したのかどうか不明ですが、被支配民に対して非常に寛容にふるまいました。言わば、

「寛容の帝国」です。

ペルシアは紀元前六世紀の半ばから、アレクサンドロス大王に滅ぼされる同四世紀半ばまで約二〇〇年間続きました。その間、アッシリアから分裂したメディアとリディアを征服後、紀元前五三九年にバビロンを開城し、かつて新バビロニアに連れ去られ、「バビロンの捕囚」と呼ばれたユダヤ人を解放します。

そして、ダレイオス一世（在位・紀元前五二二～同四八六年）の統治時代に、西側はエーゲ海北岸からエジプト、東側はインダス川に至る大帝国を建設しました。内政では、各州に州総督（サトラップ）を置いて全国を統治し、「王の目」「王の耳」と言われる監察官を巡回させ、中央集権化を進めます。また、金貨と銀貨の発行、税制の整備、国道の整備を行なういっぽう、領土内の諸民族の文化の統合、楔形《くさびがた》文字を表音化してペルシア文字を創り、ゾロアスター教を篤《あつ》く信仰するなど、優れた文化を生み出しました。

しかし、このペルシアもギリシアと戦闘を交《まじ》えたペルシア戦争（紀元前五〇〇～同四四九年）に敗戦後、アレクサンドロス大王にも敗れ、紀元前三三〇年に滅亡してしまいます。

ペルシアは騎馬戦術を重視していましたが、アレクサンドロス大王は序章で述べたように、軍事訓練や兵器の開発に熱心なうえ、戦術面にも長《た》けていました。さらに、かつてペルシアと戦ったギリシア人もアレクサンドロス大王に加担したので、アレクサンドロス大王軍はさらに増強されたのです。

アッシリアは民衆を強圧的に支配したため、領民の反乱により滅亡しましたが、ペルシアはアレクサンドロス大王に力ずくで潰《つぶ》されたようなもの。もし、彼さえ出現しなければ、ペルシアはさらに何百年間も続いていてもおかしくありませんでした。つまり、ペルシアにとって、アレクサンドロス大王は迷惑以外の何者でもない存在だったと私は思います。

野望の帝国・アレクサンドロス大王の帝国——本村

アレクサンドロス大王は、父王フィリッポス二世の意向や家庭教師アリストテレスの影響もあって、ギリシア文化に対する誇りを大切にしていたようです。さらに出身国のマケドニアはギリシアの辺境ですから、本国のアテナイ人などより、ギリシア人としての意識が強かったのではないかと推察されます。

アレクサンドロス大王はペルシアを退《しりぞ》けたあと、エジプト、アフガニスタンを制圧し、最後はインダス川付近まで突き進みます。この背景に、自分たちはギリシア人である、自分たちはギリシア文化の伝道者になるのだ、といった意識があったとすれば、彼の世界帝国は「ロマンの帝国」とも言えるでしょう。しかし、アレクサンドロス大王は被征服民を強圧的に扱い、服従させ、次々に版図を拡大したため、「野望の帝国」と表現するのがふさわしい。

アレクサンドロス大王は一〇年もの長期遠征を終え、バビロンに帰ると熱病に侵《おか》され三二歳で亡《な》くなります。すると、アレクサンドロス大王の帝国は、部下たちによるディアドコイ戦争（紀元前三二三〜同二八一年）という後継者争いによって分裂し、その後四〇年間も内乱状態に陥《おちい》ります。やはり、彼の帝国はあまりにも広く、しかも短期間に作られた帝国だったため、統治基盤が脆弱《ぜいじゃく》だったのでしょう。

しかし、アレクサンドロス大王は軍事的天才・英雄として、後世に伝えられました。たとえば、ローマのカエサルはイベリア半島に赴任時、「自分は、アレクサンドロス大王が亡くなった年齢になっても、小さなイベリアでひとつの役割を担っているだけだ」と嘆《なげ》きました。

カエサルからすれば、アレクサンドロス大王は二〇〇〇年以上前の伝承の人物ですが、彼には、第二次ポエニ戦争（紀元前二一八〜同二〇一年）でローマを苦しめたカルタゴの名将ハンニバル（紀元前二四七〜同一八三年）と比べても、アレクサンドロス大王のほうが軍事的天才と映《うつ》ったのだと思います。

国家の利益と個人の野心——渡部

アケメネス朝ペルシアは興《おこ》った当初、小国だったようです。ギリシアの歴史家ヘロドトスが著した『歴史』の最後は「狭《せま》い、山だらけのところに住んでいると兵隊は強くなる。しかし、豊かな広い土地に進出すると弱くなる」という趣旨の記述で終わっています。

したがって、山間の狭い地域で興ったペルシアは、帝国と呼ばれるほど領土を拡大させたが、結局国力は衰え、敗北した、ということになります。

さきほど、本村先生はペルシアを寛容の帝国と表現されましたが、私も同感です。ペルシアのクセルクセス一世（在位・紀元前四八六〜同四六五年）がギリシアに侵攻した時、都市国家に服従を求めた条件は、井戸の水を持ってくればよい、と伝わっています。

しかし、アテナイは井戸水一杯といえども、服従の印《しるし》として差し出すことを拒否。ならば、武力で制圧するということで、クセルクセス一世はギリシア侵攻を決行します。ペルシアは、アテナイ・プラタイア連合軍と戦ったマラトンの戦い（紀元前四九〇年）やギリシア艦隊とのサラミスの海戦（同四八〇年）で敗れ、さらに、ミュカレの戦い（同四七九年）でも負けてしまいます。

結局、ペルシアはギリシアに侵攻したものの、征服することはできませんでした。その後、彼は側近の宦官《かんがん》アルタバノスに暗殺されるという悲劇的な末路をたどりますが、もし、クセルクセス一世の命令を、アテナイをはじめとするギリシアのポリスが従順に受け入れていれば、ペルシアはギリシアを無血占領できたかもしれませんし、彼が暗殺されることもなかったでしょう。とはいえ、歴史にifは禁物《きんもつ》です。

しかし、クセルクセス一世のギリシア侵攻は結果的に失敗したものの、ギリシア人の心の奥には、ペルシアに征服されそうになったという記憶や怨念《おんねん》が残された、と私は想像しています。

のちに、アレクサンドロス大王がギリシアを統一すると、今度はアレクサンドロス大王がペルシアに侵攻します。これは、報復とも考えられます。したがって、クセルクセス一世がギリシアを征服する気を起こさなければ、アレクサンドロス大王のペルシア制圧もなかったかもしれません。

こう考えてくると、クセルクセス一世にしろ、アレクサンドロス大王にしろ、個人の野心というか、意地のようなものが版図拡大を支えたような気がします。

クセルクセス一世は穏《おだ》やかで、降参すればいいというスタイルでしたが、アレクサンドロス大王は武力で徹底的に制圧しました。そして、強圧的に接《せっ》した被征服国にもギリシアの高度な文明を伝えたことからヘレニズム文化が興ります。

ただ、ペルシア文明はあまり残らなかったのではないでしょうか。結局、ギリシアのような高度な文明は、民族が征服されても存続するということなのでしょう。

ペルシアは、面子《メンツ》のためにギリシアへ侵攻した⁉――本村

ペルシア戦争については、いくつかの疑問が指摘されています。そのひとつは、なぜペルシアはギリシアに侵攻したのか、ということです。

もちろん、ギリシアのイオニアの反乱（紀元前四九九～同四九四年）や、アナトリアのエーゲ海側の都市の内部闘争に、ペルシアとギリシアが介入するという形でペルシア戦争は始まった、と歴史的には解釈されています。しかし、ペルシア軍が大遠征軍を率いて、二回もギリシアに侵攻した意味が曖昧《あいまい》なのです。

というのも、ペルシアがギリシアを征服しても、ほとんどメリットがありません。ギリシアは山が多く、土地が貧しく、アテナイなどほとんど盆地です。そのような土地を征服しても、主食作物である小麦の栽培ができません。人口を養《やしな》うためには、外部から補給しなければならないのです。

それでも、なぜペルシアはギリシアに攻め込んだのか。渡部先生がおっしゃるように、ペルシアのダレイオス一世やクセルクセス一世の個人的な〝面子〟を立てたというのが、ペルシア戦争のひとつの原因ではないかと言われています。

ペルシアは騎馬遊牧民が作った大帝国なのに、スキタイなどの本格的な騎馬民族との戦いでは敗れています。彼らのほうが、馬を操《あやつ》る技術がはるかに高度ですから、なかなか敵《かな》わず、敗戦を繰り返すのです。これでは、皇帝の面目《めんぼく》が保《たも》てません。

だから、面子を立てるために、メリットのないギリシア侵攻を繰り返したのでしょうが、ペルシアは、都市国家の集合体であるギリシアと本格的な戦争になるとは考えていなかったのかもしれません。また、実際に戦争になっても、簡単に制圧できると思っていたはずです。そのため、ギリシアの都市国家それぞれが恭順の意《い》を示せばそれでよし、という、今風に言えば〝上《うえ》から目線〟の態度を取ったのでしょう。

ペルシア戦争ではサラミスの海戦が知られていますが、これは、アテナイの将軍テミストクレス（紀元前五二四頃〜同四六〇年頃）が、海軍主義を採ったことによるものです。要するに陸上戦は捨て、ペロポネソス半島北東部のトロイゼンに女、子ども、老人を疎開させ、兵士はアテナイに籠城《ろうじょう》し、決戦になれば、海に出て軍船で勝負するのです。

これらの伝承は残っていませんが、アテナイはエーゲ海に面し、海上貿易を盛んに行なっていたので、海上覇権を握る国が一番強いということを、テミストクレスは知っていたのかもしれません。

海戦で敗れた国は衰退する――渡部

文字どおり、ギリシアは背水《はいすい》の陣《じん》を布《し》いたわけですね。ペルシアにとって、サラミスの海戦の敗戦は致命的でした。

アメリカ海軍の軍人アルフレッド・T・マハンは、その著書『海上権力史論』のなかで海上覇権の重要性について述べていますが、海戦で負けた国が発展することは、歴史上ありません。海上の覇権を敵国に握られて海に出られなくなれば、兵站《へいたん》輸送ができなくなるし、海上貿易が封鎖され経済的にも行き詰まります。

大航海時代のスペインも、英仏海峡で行なわれたアルマダの海戦（一五八八年）で、無敵艦隊（スペイン語で「アルマダ・インベンシブレ」）がイギリス海軍に負けると凋落《ちょうらく》しました。また、ロシア帝国が国力を失ったきっかけは、日露戦争（一九〇四〜一九〇五年）における日本海海戦（一九〇五年）のバルチック艦隊の敗北です。

同様に、明治維新以降、隆盛を誇った日本が衰退の道をたどり始めたのは、第二次世界大戦におけるミッドウェー海戦（一九四二年）に始まり、それに続くマリアナ沖海戦（一九四四年）とレイテ沖海戦（一九四四年）のふたつの敗北で決定的になりました。

つまり、海を征服するということは、古代も現代も非常に重要なことなのです。

ローマ史には、人類の経験すべてが詰まっている——本村

さて、この項から、ローマ帝国について話を進めたいと思います。

ローマ帝国は、古代イタリア人が北方からイタリア半島に南下し、定住したラテン人の一派によって建設された小さな都市国家から始まります。その後、イタリア半島を征服し、やがてカルタゴとの西地中海の覇権争いに勝利を収めると、東地中海地域まで侵入し、広大な地中海世界を版図に収めました。

ローマ建国は紀元前七五三年と伝承されるので、国家勃興から西ローマ帝国の滅亡（四七六年）に至るまでの約一二〇〇年間、世界帝国規模の覇権を連綿と紡《つむ》ぐことになるのですが、ローマの歴史ほど起承転結《きしょうてんけつ》を完璧に見せる歴史はありません。具体的には、次の四期です。

不毛な土地にわずか三〇〇〇人ほどが暮らす小集落から始まり、七代の王が国を治めた「建国期（王政期・紀元前七五三〜同五〇九年）」。共和政を布《し》き、内政に不安を抱《かか》えながらも、イタリアを統一し、版図を拡大した「興隆・転換期（共和政〜三頭政治期・紀元前五〇九〜同三一年）」。五賢帝《ごけんてい》などの登場により、「パクス・ロマーナ」と謳《うた》われる平和の時代を築いた「最盛期（帝政期・紀元前三一〜紀元二三五年）」。「三世紀の危機」と言われる混乱の時代から、さまざまな問題が噴出した「衰退期（軍人皇帝期以降・紀元二三五〜同四七六年）」。

ローマの歴史は、一朝一夕《いっちょういっせき》で語られるものではありません。まさに「ローマは一日にしてならず」ということです。丸山眞男《まるやままさお》東京大学名誉教授は、「ローマの歴史のなかには、人類の経験すべてが詰まっている、美しいものから汚《きたな》いもの、悪いものから良いもの、あの一二〇〇年の歴史を見れば、すべてが引き出される」と言っています。

私は、ローマの一二〇〇年の歴史のなかには、現代の国家経営にも通じるさまざまなモデルケースが秘められていると思います。

分割して統治せよ——本村

では、なぜローマは一二〇〇年もの間、帝国を維持できたのでしょう。

まず、ポリティカルな技術では、「分割して統治せよ」とローマ人が言う分割統治が寄与しています。これは、たとえば都市国家Aと都市国家Bの間に条約を結ばせず、あくまでもローマとA、ローマとB……というように個々に条約を締結し、都市国家間で同盟を結ぶことを防ぎました。こうしておけば、都市国家が連携してローマに反逆する可能性を未然に摘《つ》み取ることができます。ローマは非常に早い時期から、この統治法を整備しています。

また、ローマは統治の基礎となるローマ法と土木建築技術に代表されるインフラストラクチャー（インフラ）も早い段階から整備しています。このため、ローマは、「十二表法（ローマ最初の成文法《せいぶんほう》）」公布前の紀元前五世紀に、元老院クラスの高い見識を持った人物を三人ほど選び、ペリクレス時代のアテナイに派遣しました。

これは、余談ですが、日本の明治憲法を制定する際に、伊藤博文《いとうひろぶみ》など閣僚級の人たちがドイツに行き、法学者ローレンツ・フォン・シュタインに教えを請《こ》います。しかし、ドイ

ローマ帝国の最大版図(117年、トラヤヌス帝)
古代の地域名
ローマの主な史蹟が残る都市
※地形、国境線、都市名は現在のもの
ダキア
黒 海
カスピ海
イスタンブール
イズミット
イズニック
アルメニア
小アジア
ベルガマ
イズミル
ミレトゥス
コリントス
アテネ
スパルタ
アンティオキア
メソポタミア
パルミラ
バールベック
地 中 海
エルサレム
アレクサンドリア
紅海

ローマ帝国の最大領域

ハドリアヌスの長城
ヨーク
ブリタニア
チェスター
バース
コルチェスター
ロンドン
ケルン
ゲルマニア
トリーア
ランス
パリ
ウィーン
大西洋
ガリア
リヨン
ミラノ
ヴェローナ
ニーム
オランジュ
ラヴェンナ
アルル
カプア
セゴビア
ローマ
ポンペイ
バルセロナ
クーマ
タラント
ヒスパニア
ナポリ
パエストゥム
メリダ
カルタヘナ
カルタゴ
マラガ
ドゥッガ
チュニス
シラクサ
ティムガド
レプティス・マグナ

ツ人は「なぜ、政府の要人が法律を学びに来るのか、留学生ではないのか」と驚きます。シュタインも、最初は歴史的に前例がないと思ったようですが、よくよく考えると、ローマが十二表法を作る時、元老院の要人をアテナイに派遣したことを思い出したというのです。それに準《なぞら》えられるほど、希有《けう》なケースだということです。

現在、世界の民法のほとんどはローマ法が基本です。その意味で、現代でも通用する法律や道路や建物など、市民が社会生活を営む基本的なインフラ整備が、ローマを長期間存続させる基盤になったと言えるでしょう。

また、ウィルトゥース以外にも、ローマ人は「父祖《ふそ》の遺風《いふう》（モス・マイオルム）」を大切にしました。これは、自分の父親、祖父、曽祖父《そうそふ》、高祖父《こうそふ》……の立派な行ないを名誉として重んじると共に、自分もその名誉に恥じないように生きるということ。ローマ人は、この父祖の遺風を子どもの頃から繰り返し学び、美徳を磨《みが》いていきます。これも、ローマ人を語るうえで見逃せない長所です。

今、日本では二世、三世議員に否定的な意見がありますが、ローマ人の政治家には二世、三世どころか四世、五世も珍《めずら》しくありませんでした。そして、もし不適切な世襲議員が現われたとしても、それは世襲が悪いわけではなく、政治家本人の生き方が問題なのだとローマ人は考えていました。

また、ローマ人の強みとしてピエタスがあったことも指摘できます。つまり、ローマ人のまじめさと敬虔《けいけん》さが、ローマ帝国を支えたとも言えるのです。

さらに、「都市国家の自由を守る」という非常に強い市民の意識と、「自分が自由であるからこそ、他人の自由も尊重する」という寛容の精神が生まれ、それは属州支配にも反映されていました。

「法の前の平等」をはじめて確立——渡部

ローマが版図を広げるなかで、寛容の精神と法の前の平等という理念は、ローマ人が打ち出したもっとも重要なことではないでしょうか。

さまざまな民族を征服しても、征服された側に不平があれば、パクス・ロマーナなど長く続くわけがありません。それが、五賢帝の時代を中心に二〇〇年間も続いたのは、被征服民族に「法の前に平等である」と保証したため、彼らが悦服《えつぷく》したことによるものです。

「Civis Romanus sum（私はローマ市民である）」という言葉があります。これは、ローマ市民であれば、何人も無法な扱いは受けず、正当な裁判を受ける権利があるということです。法の前の平等を象徴するような言葉です。

ローマが長期的に繁栄した背景には、ローマ人の敬虔さとまじめさ、分割して統治せよという統治術、父祖の遺風、寛容の精神などいくつもの要素がありますが、私は、法の前の平等こそ、特に重要だと思います。そして、この精神はローマ人に、法に対する尊敬をもたらしたのです。

ローマ以前の国家にも、法律はありました。しかし、その多くは王の勝手な意見だったり、アテナイのソクラテスの裁判のようにいいかげんな裁判だったりしたわけですが、ローマの法に則《のっと》って裁《さば》く――法の前の平等という理念は、現在にも続く「法治国家」という概念を確立させたと思うのです。法治国家ではない国は野蛮国《やばんこく》である、ということをローマ人は認識していたのでしょう。

ローマの家庭では、法律を丸暗記させた――本村

紀元前四五〇年に公布された十二表法は、ローマの慣習法を成文化したもので、平民の地位向上におおいに役立ちました。

十二枚の銅板に刻《きざ》まれていたという十二表法の実物は現存していませんが、ほぼ復元できます。ローマの多くの家庭では、ラテン語の学習と併《あわ》せて十二表法を丸暗記させていました。そして、現在に伝わるさまざまな文献のなかに十二表法の文章が引用されているため、現代の法学者が条文を引き出して、つなぎあわせれば復元できるのです。

それだけ、ローマ市民には法律に対する徹底した教育が施《ほどこ》され、現代の国家にも通じる遵法《じゅんぽう》精神が養われていました。

現在の日本の民法もローマ法に通じるものがあります。たとえば、家と家の境界があり、こちらの家のリンゴが、隣家の庭に落ちてしまった。リンゴの所有権はどちらにあるか、と現代の日本でもたびたび論じられますが、ローマではすでに、十二表法を元に法学者が延々と議論しており、その資料が残されています。

ローマには、ローマ市民のみに適用される「市民法《しみんほう》（ユス・キヴィレ）」と、ローマ市民以外が対象の「万民法《ばんみんほう》（ユス・ゲンティウム）」というふたつの法律がありました。しかし、二一二年、暴君とも言われるカラカラ帝（在位・二一一頃〜二一七年）によるアントニヌス勅法《ちょくほう》により、全自由民に市民権が与えられ、奴隷以外は基本的にローマ市民法が適用されることになりました。

ローマは統治を拡大していく段階で、巧妙に法律を利用しました。しかし、ローマ法を無理矢理押しつけるのではなく、属州の法律を万民法のなかに取り込んだり、そのまま採用したりするなど、柔軟に対応しました。そのあたりにも、ローマの寛容の精神が発揮されているのではないでしょうか。

ローマ軍の強さの秘密——本村

ローマ人の持つ精神性や気風《きふう》は、古代最強だったローマ軍にも反映し、版図の拡大に寄与しています。まず、ローマ軍とはいかなるものかをお話ししましょう。

王政初期のローマ軍は、主に貴族により編成され、戦闘は貴族のリーダーどうしの一騎打ちだったと伝えられています。しかし、王政末期になると、ギリシア伝来の重装歩兵を中心に軽装歩兵、騎兵なども編成されるようになりました。

イタリア半島の統一をはたした共和政以降は、ローマ市民に兵役が義務づけられ、軍事力は著《いちじる》しく増大しました。そして、カルタゴと地中海の覇権を争ったポエニ戦争（第一～第三次）や四次にわたるマケドニア戦争に勝利を収めると、敵国の造船技術や戦術を積極的に取り入れたローマ軍は、さらに強化されていきました。

しかし、ローマ軍を最強軍団に変えたのは、執政官マリウス（紀元前一五七～同八六年）による軍制改革によるところが大きいでしょう。マリウスは、それまでの農民を中心とした徴兵《ちょうへい》制から志願制へと転換します。そして、農民が離れたことで荒れていた農地を減らすと同時に、軍隊を戦地に自ら赴《おもむ》く士気《しき》の高い集団に変えることに成功したのです。

兵士になれば国から給料が支払われ、退役後は年金もしくはそれに相当する土地が与えられるなどの恩恵があり、ローマの貧民層対策もあったと推察されますが、職業軍人が増えれば増えるほど、軍隊が強化されるのは当然です。

日本の戦国時代でも、農民を兵に徴用《ちょうよう》し、農閑期《のうかんき》にしか戦争ができなかった戦国大名が、家臣を城下に住まわせ軍団を形成（兵農分離《へいのう》）した織田信長《おだのぶなが》に蹂躙《じゅうりん》されましたから、これは画期《かっき》的なことと言えます。

ローマ軍の強さは、その陣形にもあります。

建国当初は一騎打ちが主流でしたが、王政後期には、槍《やり》を持った重装歩兵による密集隊形「ファランクス」を採用します。これは、六〇人ほどの集団をひとつの単位（ケントゥリア）として、ブロックで戦うという戦術です。

実際の戦闘では、ファランクスの前に配置された若い新兵が敵の最前列を崩《くず》します。するとファランクスの第一列目が進み出て戦います。そして、ある程度戦うと最後尾に下がり、第二列が戦います。そして第二列が下がると第三列が戦い……と、敵は常に元気な兵士と戦うことを余儀《よぎ》なくされるのです。これは、織田信長による長篠《ながしの》の戦いにおける鉄砲の連射に似ています。

ローマ軍には厳しい規律がありました。組織的な集団で攻撃するためには、たとえ味方に戦死者が出ても、隊列から離れることは許されませんし、ましてや、功名《こうみょう》を立てるために戦列から離れることなど論外でした。

紀元前四三一年、ローマがアエクイ族の反乱を鎮《しず》めた時、将軍トゥベルトゥスは勝利を得たにもかかわらず、自分の息子を処刑しました。その理由は、息子が血気《けっき》に逸《はや》り、ファランクスから勝手に離れ、敵将の首を取ったからです。敵将を討ち取ったのですから、通常なら称賛に値《あたい》します。しかし、許可も得ずファランクスの隊列を離れたことは重罪なのです。

このように、ローマ軍は厳しい軍紀《ぐんき》（規律と風紀）を持っていましたが、この軍紀を支持したのはローマの兵士（市民）にほかなりません。彼らは、祖国を守る名誉のために戦いました。日本にも「名誉の戦死」という言葉がありましたが、ローマ人は国家のために命を惜《お》しまない、という価値観が強く、それを「ホノル（名誉）」ととらえました。ローマ軍はホノルに支えられ、古代最強の軍団になったと言っても過言ではありません。

しかし、ローマ軍はけっして常勝《じょうしょう》だったわけではありません。実は、度重《たびかさ》なる周辺諸国との戦争で、何度も敗北を喫《きっ》しています。ただ、敗北してもローマ人はけっしてあきらめず、その名誉にかけて何度も敵に挑《いど》み、最後には必ず勝利を得ています。これこそ、ローマが長期にわたり版図を広げ、世界帝国として君臨《くんりん》した理由です。

ローマ軍とギリシア軍の違い——本村

今述べたように、ローマ軍は連戦連勝ではありませんでした。しかし、ローマ人は敗戦将軍の名誉を守り、寛容に扱いました。これは異例なことです。

ギリシアでは、将軍が戦争に敗れると、母国に帰ることは稀《まれ》でした。なぜなら、帰国すれば裁判にかけられ処刑されるか、国外追放刑に処《しょ》されるからです。将軍トゥキディデスもペロポネソス戦争の敗戦の非をとがめられ、二〇年の国外追放刑を受けたので、実証的な立場から『戦史』を著したのです。

しかし、ローマは違います。ローマがカルタゴと戦った第二次ポエニ戦争のカンナエの戦い（紀元前二一六年）で、将軍ウァッロは、敵将ハンニバルに兵力が一割しか残らなかったと伝えられるほど壊滅的な敗戦を喫《きっ》します。この戦いの一日の死傷者は六〜七万人、第一次世界大戦（一九一四〜一九一八年）以前では、もっとも一日の死傷者数が多い戦闘と言われています。

その後、ローマに帰ると、ローマ市民は「あなたは負けたことで、恥辱《ちじょく》にまみれ、社会的制裁は受けている」と責めることはありませんでした。ローマ人は一度戦争に負けた将軍は、次の雪辱《せつじょく》戦で名誉のために、それまで以上の力を発揮することを知っていたのです。それは、「カウディウムの屈辱」などの経験が語り継がれていたからでしょう。カウディウムの屈辱とは、紀元前三二一年にローマ軍とサムニウム人との間で行なわれた戦闘において、ローマ人が受けた屈辱です。サムニウム討伐に向かったローマ軍は、敵将ポンティウスの策略にはまり、カウディウム渓谷で完全に包囲され、なす術《すべ》もなく降伏します。この時、ポンティウスの求めた和平の条件は、ローマの占領地を返還すること、勝者に恭順を示すこと、それができないようなら、槍の頸木《くびき》の下をくぐる屈辱刑を兵士全員が受けること、というものでした。

当時の兵士にとって、武器を持たず、衣服を脱ぎ、敵の槍の下をくぐらされることは最大の屈辱でした。このため、ローマ兵は「戦って死んだほうがましだ」と口々に叫びましたが、ローマの将軍の決断は兵士を生還させる屈辱刑でした。そして、ローマ兵と士官は、サムニウムの槍の下をひとり残らずくぐりました。

この屈辱にローマ兵は打ちひしがれますが、やがて名誉心と復讐《ふくしゅう》心を呼び起こし、「次は嵐のごとくサムニウムに襲《おそ》いかかる。敵どもを槍の頸木の下をくぐらせ、城壁も吹き飛ばしてしまうのだ」と誓《ちか》い、雪辱戦でそのとおりに実行し、捕獲したサムニウムの兵士七〇〇〇人に槍の頸木をくぐらせ、ポンティウスを処刑するのです。

つまり、敵前逃亡やだらしない敗戦は糾弾《きゅうだん》するものの、精一杯《せいいっぱい》戦ったが敗北を余儀なくされたと証明されれば、敗軍の将といえどもローマ市民は温《あたた》かく迎え、次の戦いの勝利を期待したということです。

この寛容の精神は、ギリシアにはない、ローマ独特のものでしょう。また、敗北を胸に刻《きざ》み、屈辱に燃えるローマ人だからこそ、長期にわたる世界帝国を建設できたのかもしれません。

世界帝国の礎《いしずえ》を築く――本村

共和政から帝政への移行期、名門貴族出身のスッラ（紀元前一三八～同七八年）は、元老院を改革し、元老院体制を強化することで統治能力の改善を行なおうとしました。それに対し、カエサルは、元老院を打倒し、それに代わる新しい統治体制を樹立することで、統治能力の改善を図《はか》るという野望を持っていました。

スッラの死後、カエサル、クラッスス（紀元前一一五頃〜同五三年）、ポンペイウス（紀元前一〇六〜同四八年）による第一回三頭政治が行なわれますが、カエサルは、ほかのふたりに比べ、地位や財力など誇れるものが何もなく、その権力基盤は脆弱《ぜいじやく》だったと言わざるを得ません。

クラッススは名門貴族の出身でローマ一《いち》の大富豪であり、ポンペイウスは軍人として抜群の功績を残しています。ただ、カエサルは智謀《ちぼう》知略《ちりやく》に優れ、人間を操《あやつ》る能力に長《た》けた人物だったと思います。彼はクラッススに相当な借金をしていますが、貸主《かしぬし》のクラッススも「カエサルはきっちり、倍返ししてくれるだろう」という期待があるから、担保《たんぽ》も取らず貸したのです。

カエサルの軍事的功績は、ポンペイウスに比べてはるかに劣《おと》ります。それをどのように埋め合わせるかが、ガリア征服に出かける時のカエサルのひとつの野心であり、野望だったでしょう。そして、ガリアを征服すれば、戦利品でクラッススに借金を返せるという実《じつ》利《り》を兼ね備えたメリットがあったのです。

紀元前五八年、ポンペイウスとクラッススの強力な後《うし》ろ盾《だて》により、念願のガリアへの軍事指揮権を得たカエサルは、その後、数多くのドラマを生むことになるガリア遠征に出発します。そして、一〇万を超える大軍隊を率《ひき》い、ローマ得意の大土木工事による大規模なアッゲル（接城土手《せつじょうどて》）やトゥッリス（攻城櫓《こうじょうやぐら》）を構築し、長年のライバルだったガリア全土を征服し、共和政末期の最大の英雄になったのです。

共和政から三頭政治、そして、世界帝国と言われるまでに発展した帝政ローマの礎《いしずえ》を作ったのはカエサルにほかなりません。

野心を警戒されたカエサル——渡部

共和政末期のローマは、野心で領土を拡大したのではないと思います。勃興期のローマは本当に小さな領土しか持っていませんでしたから、野心を持つことなど不可能でした。また、共和政に愛着を持っていたカエサル時代の元老院に、帝国的野心はありませんでした。

カエサルが暗殺されたひとつの理由は、彼の野心を元老院が恐れたためだと言われています。彼は、あまりにも多くの政敵を抱えていました。共和政ローマの最後の安定期を実現したスッラと敵対。彼の死後、第一回三頭政治が行なわれましたが、クラッススの死後はそれも崩壊、ポンペイウスや元老院と対立します。

ガリア戦争の勝利後、凱旋《がいせん》将軍として帰国するためには法律に則《のっと》り軍隊を解散しなければならない。しかし、軍隊を持たずに入国すれば政敵に殺される――カエサルは悩みます。そして、カエサルは「賽《さい》は投げられた」の言葉と共に、国境近くのルビコン河を渡ったのです。これは、独裁制を目指すカエサルと、あくまでも共和政の維持を求める元老院との決別を意味します。

その後、カエサルはローマ入城をはたします。そして、エジプトのプトレマイオス王朝の最後のファラオのクレオパトラ（紀元前六九～同三〇年）と結婚します。元老院や元老院貴族たちは、カエサルはエジプトを併合後、東洋的な絶対君主国をローマに作るのではないかと疑い、暗殺に至るのです。ちなみに、カエサルが暗殺された時、クレオパトラがローマに来ていたことも指摘しておくべきかもしれません。

カエサルの真意がどこにあったのか、今となってはわかりませんが、もし、暗殺されなければ初代皇帝を戴冠《たいかん》し、新しいローマを力強く建設したのではないかと想像されます。

カエサルの死後、政治の主役はカエサルの養子であり、その遺言書で後継者に指名していたオクタウィアヌス（初代ローマ皇帝アウグストゥス）に移っていきました。

野心を隠したアウグストゥス――本村

ロナルド・サイムの『ローマ革命』は、一九三〇年代に出版された名著中の名著ですが、そのなかでカエサルからオクタウィアヌスの時代にかけて、何が変わったかを解説しています。

それによれば、ローマの支配層は上層階級中心の元老院貴族だったが、オクタウィアヌスの権力を支えたのはイタリア半島や地方都市から入り込んできた上層民だった、ということです。

また、オクタウィアヌスは野心だらけの男だ、とも書かれています。そして、オクタウィアヌスと側近のアグリッパなどの追従《ついしょう》者は心地よい標語を掲《かか》げ、時には捏造《ねつぞう》してでも宣伝して敵対者にレッテルを貼り、貶《おとし》める。そのやり方は、まるで統帥《とうすい》（ドゥーチェ）や総統（フューラー）を思い起こさせる。この過去と現在との重なりが、歴史叙述をことさら生彩《せいさい》あるものにしていることは否《いな》めない。ただ、彼の幸運は自分の野心を実現することが、国家をうまく運営することとちょうど重なったことだ、とも見なされています。

この指摘は正しい、と私は思います。長年の内戦を平定し、ローマに帰国したオクタウィアヌスは執政官を辞任し、その権限を元老院に戻し、共和政の復興を宣言しました。元老院もローマ市民も、これを熱狂的に支持して「アウグストゥス（尊厳ある者）」の尊称を贈ります。

しかし、彼は執政官の職を辞《じ》しても、複数の官職の職権を持つことで、結果的に最高権力を保持していました。そして、カエサルの失敗を教訓に、共和政を隠《かく》れ蓑《みの》にして、自分の野心を着々と実現していきます。たとえば、元老院の人選に介入して人員を削減したり、民会《みんかい》（貴族と平民で構成される議決機関）の選挙制度に関与したり、治安維持に関わる組織に自分の直属の部隊を当て反対勢力を排除したりしました。

そして自分の足元を固めると、「テルマエ」と呼ばれた公衆浴場（アグリッパ浴場など）、大型建築物（パンテオン神殿など）、施設（アルシエティナ水道など）の土木工事に着手しました。それは「ローマを煉瓦《れんが》の街として受け継ぎ、大理石の街として引き渡した」と彼が豪語したほどです。

このように、オクタウィアヌスは独裁的に政権運営を行なったことから、後世《こうせい》、ローマ初代皇帝アウグストゥスと認定されますが、その政策や事業は元老院の権威を保ちながら巧妙に実施されたため、当時のローマ市民には、オクタウィアヌスは共和政下の忠実な公僕と映っていたようです。

ロナルド・サイムが同著を著したのはヒトラーやムッソリーニが出てきていた時代です。全体主義や独裁制に対する警戒心の強い時期に、アウグストゥスの仮面の下の野望について論じた本が出版された意義は、非常に大きいと思います。

平和を支えた征服戦争——渡部

オクタウィアヌスが野心家であったのはまちがいないでしょう。皇帝に皇帝的な野心が生まれ、ローマの版図をさらに拡大しようという意思が生《しょう》じたのは、彼から始まる帝政時代だと思います。その意味で、ローマにとって、共和政を捨てた意味は大きいのです。

パクス・ロマーナと言われた平和の時代は、共和政から帝政に移行し、征服戦争を数多く実行することで、実現されました。平和な時代に、征服戦争とは意外かもしれませんが、当時は外敵を制圧し、その富を奪い、国内の治安を維持することこそ、国の繁栄と平和をもたらしました。

実際、一世紀末からの五賢帝の時代には、イギリスのスコットランドまで制圧したハドリアヌス帝（在位・一一七〜一三八年）の出現などで、ローマは実に安定し、領土も広がりました。

それを裏づけるのは、格段に優れたローマの建築技術です。コロッセオ（代表的な円形闘技場）などの石造りの巨大な建造物を建設できたのは、属州から取り上げた富があったからでしょう。また、「すべての道はローマに通ず」と称《たた》えられる道路は、そのほとんどが石で舗装《ほそう》されており、全軍でおよそ三〇万人というローマ軍団を迅速《じんそく》に動かすことができました。

日本では武田信玄が「棒道《ぼうみち》」という簡単な軍用道路を造ったり、徳川幕府が五街道を整備したりしましたが、ローマは紀元前からアッピア街道などを整備しており、その先見性《せんけん》と高い技術力には今さらながら感嘆させられます。

ローマ衰退の理由——渡部

それでは、このような繁栄を誇ったローマはなぜ衰退したのでしょう。その理由は、ローマ軍が弱くなったから、という一言に尽きます。ローマ軍の主力は、伝統的にローマ市民でした。

しかし、ローマ市民がパクス・ロマーナを享受しているうちに、自国では〝食べられなくなった〟難民が属州からローマに流入し、その多くが傭兵《ようへい》になりました。この傭兵が非常に問題なのです。

たとえば、「レックス・ゴタールム」という言葉がありますが、これはゴート軍団長という意味です。しかし、軍団を創設したのがゴート人というだけで、軍団を構成する兵隊はゴート人でもゲルマン人でもいいのです。傭兵は報酬さえ得られれば、どのような相手とも戦います。

そこには、カルタゴと一〇〇年以上戦闘を繰り返したポエニ戦争や、カエサルに率いられたガリア戦争、さらに版図を最大に広げたダキア戦争に従軍した、誇り高く、忠誠心に満《み》ちたローマ兵の姿はありません。というより、ローマにとって、いつ飼い犬に手を噛《か》まれるかわからない、というリスクのほうが大きかったのではないかと思われます。

ところで、「レックス」という言葉を今は「王」と訳しますが、元来は「軍団長」という意味でした。しかし、いつのまにか「王」を意味するように変化していきます。中央集権化されているローマは、武力がなければ保てません。そして、その武力が弱くなると、出先《でさき》の軍団がそれぞれ独立し、各地に居座《いすわ》りを始めます。そのため、レックスが後世、「王」と訳されるようになったのです。

寛容の精神が失われたローマ——本村

レックスについて、私の理解はすこし異なります。レックスという言葉じたいに、古くから王という意味があったのではないでしょうか。ローマ建国の伝承を伝える石碑《せきひ》ラピス・ニゲル（ラテン語で「黒い石」の意味）に、レックスという言葉が刻《きざ》まれており、レックス＝王らしき人がいたと解釈されています。

ただ、共和政期のローマは、王の独裁を徹底的に嫌いました。そのため、レックスという言葉をローマ人が使わなくなると、王という意味が徐々に薄《うす》れていった。しかし、「専制君主制（ドミナートゥス）」を布いた帝政末期になると、王という意味を強調し、また使い始めた、という流れではないかと思います。

ローマ衰退の原因には、夥《おびただ》しい数の理由が潜んでいます。ここでは、軍事力の低下以外に、経済の衰退というテーマで考えてみたいと思います。

「三世紀の危機」と言われた時代は、地中海全体の海上貿易が停滞しました。その結果、イタリアやギリシアなど地中海東側地域の経済への影響は比較的軽微《けいび》でしたが、フランスやイベリア半島を含めた西側地域の経済活動が衰えました。

経済の衰退は、軍事力を削《そ》ぎ落とします。これは、現代のアメリカを見ても明らかでしょう。そのため、コンスタンティヌス一世（在位・三〇六〜三三七年）は、軍人を二倍近く増やしたり、その待遇を優遇したりして、軍隊を強化するのですが、莫大《ばくだい》な軍事費の支出が続けば、ボディーブローのように国家財政に響《ひび》いてきます。

さらに、渡部先生がおっしゃるように、ゲルマン人などの傭兵がローマ軍に大量に組み込まれ、将校クラスにもゲルマン人が増加した結果、軍隊の質が低下したと考えられます。

ローマ人は当初、それほど違和感を持たず傭兵を受け入れていましたが、三世紀後半から四世紀あたりになると、「おまえたちは本物のローマ人ではない」といった差別意識が出てきます。

最近でも、ドイツでトルコ人排斥《はいせき》運動が起こりました。最初はトルコ人移民の受け入れを歓迎していたドイツでも、彼らが社会的に影響力を持ち始めると、それをおもしろくないと思う人たちもいたということでしょう。それと同じことが、ローマでも起こったのです。

ローマ人は元来、人種差別は少なく、異民族にも寛容でした。エイミー・チュアは『最強国の条件』のなかで、世界帝国と言われる国家が長期的かつ安定的に繁栄する時、寛容の精神があり、それは洋の東西を問わず共通している、と記しています。

すでに衰退期に入っていた当時のローマには、寛容の精神が失われていたのでしょう。それが、ローマ衰退に拍車《はくしゃ》をかけたひとつの要因だと思います。

統率力を失ったローマ軍と日本の関東軍――渡部

わかりやすい話をしましょう。日本の平安時代、貴族は武士を支配していました。ところが、保元《ほうげん》・平治《へいじ》の乱《らん》で平氏《へいし》が力をつけると、もはや武士を治めることができなくなります。平氏は勝手にふるまい、気づいた時は、平清盛《たいらのきよもり》に政治・経済を仕切られ、やがて、平氏を倒した源頼朝《みなもとのよりとも》に武家政権の樹立を許してしまいます。

さらに突飛《とっぴ》な話をすれば、もし先の戦争が満洲事変、シナ事変でとどまり、アメリカとの戦争がなかったら、満洲を征服した関東軍は大本営の言うことを聞かず、日本から独立して勝手にやります、というようなことがあったかもしれません。それを見た朝鮮軍も独立し、さらに第七師団（旭川）が北海道で共和国を建国し……という漫画のようなことが、衰退期のローマ軍に現実に起こったのではないでしょうか。

つまり、中央の軍事統率力が衰えて、属州に散らばるレックス（軍団長）に権力が移っていったということです。さらに、さきほどから何度も出ているウィルトゥースも、軍隊のなかで薄れ、ローマの美徳を持った兵士がいなくなったのではないでしょうか。

ローマ衰退説のなかでおもしろいと思うのは、次の話です。当時のローマ貴族は、ワインを鉛《なまり》製のカップで飲むことを好んだり、甘くするために鉛をワインに入れて飲んだりした。そして、鉛中毒になり、かつてのローマ人のような健康的で強壮な者がいなくなった――。

事《こと》の真偽《しんぎ》はわかりませんが、当時のローマには、アヘンに蝕《むしば》まれた清朝末期に似た退《たい》廃《はい》的なムードを感じます。軍隊に強固な肉体と美徳のある兵士が少なくなり、社会に退廃ムードが広がるようでは、さすがのローマも存続することはできないでしょう。確かに、鉛が入ったワインはおいしいのです。日本でも、戦後に問題になったことがあります。

五〇年間に七〇人の皇帝が乱立――本村

ローマの滅亡に直接つながるのは、二三五～二八四年の軍人皇帝の時代です。具体的には、アレクサンデル・セウェルス暗殺後に即位したマクシミヌス・トラクス帝から、ディオクレティアヌスに討《う》たれたカリヌス帝までが相当します。

この時代は、まさにローマ末世《まっせ》の様相を呈《てい》します。なんと、皇帝の地位がお金で買えるようなことまでありました。お金でなった皇帝など、誰が尊敬するでしょうか。このため、わずか一ヵ月で暗殺されたり、退位させられたりして、わずか五〇年の間に七〇人の皇帝が乱立しました。

このような状態では、内政も外政もおぼつかなくなるのは当然です。なにしろ、皇帝たちは、軍隊に担《かつ》ぎ出された地位を汲々《きゅうきゅう》と守っているだけなのですから。しかし、このような混乱はなぜ起きたのか。

それは、世界帝国の末期だからこそ発生する事象と考えられますし、このような時代を迎えたからこそ再興されながらも、やがてローマは滅亡した、という見方もできるでしょう。ただ、ローマ建国以来の精神、つまり、ウィルトゥースが衰退したことは否《いな》めないと思います。

「パンとサーカス」による市民の意識変化――本村

軍人皇帝時代よりも一〇〇年以上前、まだ、パクス・ロマーナと言われ、繁栄を謳歌《おうか》していた五賢帝時代の初期、風刺《ふうし》詩人ユウェナリスは、ローマ社会の世相を「われわれは国政に対する関心を失って久しい……。今のローマ市民たちはたったふたつのことだけに気を揉《も》んでいる。パンとサーカスだけを」と揶揄《やゆ》しました。

ローマでは、属州からの莫大な税収がローマに集積されたため、ローマ市民のなかには労働意欲を失うものも少なくありませんでした。そして、皇帝や貴族などの富裕層は、ローマ市民に小麦などを無料で配布するようになります。これが「パン」です。

一見《いっけん》すると、現在の社会福祉政策のようにも映りますが、その裏には、収入格差が広がり、不満を強める下層市民に食料を与えることで、ガス抜きをし、政治的に盲目《もうもく》にしようという為政者の愚民政策がありました。彼らが狙《ねら》っていたのは、ローマ市民の持つ選挙権、すなわち「票」です。

いっぽう、食料に困らなくなったローマ市民は、次第に「支配者たるものは市民に娯楽を提供する責務（エヴェルジェティズム）がある」と主張するようになります。そこで、皇帝や為政者たちは、競馬場（キルケンセス）、円形闘技場（アンフィテアトルム）、競技場（スタディウム）などを建設し、戦車競走や剣闘士試合などの見世物を提供し、ローマ市民たちを熱狂させます。これが「サーカス」です。

そして、ローマ市民はいっそう政治に無関心、享楽《きょうらく》的となり、社会は歪《ゆが》んでいきました。ユウェナリスの言葉は、まさにこの状態を憂《うれ》えた警句だったのです。

しかし、五賢帝最後のマルクス・アウレリウス帝（在位・一六一〜一八〇年）の治世末期から、帝国の財政や経済が行き詰まり始めます。さらに、三世紀の軍人皇帝時代になると、ローマ帝国の将軍ポストゥムスがガリア帝国を作ったり、パルミラ王国ができたりするなど、各属州で勝手に皇帝を名乗り始める者が続出、混乱の度合いを深めていきます。

いっぽう、社会のしくみも変化します。度重《たびかさ》なる内乱と異民族の侵入により軍事費が増大し、それを維持するために都市に重税が課されるようになりました。このため、都市の上層市民のなかには都市を去り、田園で大所領を営《いとな》み、下層市民などを小作人（コロヌス）として働かせるような者も出てきます。

こうしたことから、社会に反発した民衆の小さな暴動などが起こることもありましたが、中国のように農民反乱が拡大して、王朝が一気に倒されるというような民衆の蜂起《ほうき》にまでは至りませんでした。

それは、パンとサーカスや社会構造の変化などにより、社会を変革しようというパワーが、共和政末期から帝政初期に比べると、絶対的に落ち込んでいたからだと思います。

政治権力と宗教権力――渡部

大規模な農民暴動が起こったシナとローマの違いは、五二九年頃、ヌルシアのベネディクトゥス（四八〇頃～五四七年頃）が、ローマ・ナポリ間のモンテ・カッシーノに修道院（のちのベネディクト会）を創設したことに求められます。

それまでのキリスト教の修道士は砂漠や洞穴《ほらあな》に籠《こ》もり、主に瞑想《めいそう》していましたが、ベネディクトゥスは外に出て修道院を作りました。この修道院は学問を第一としながらも、「オラ・エト・ラボラ」、つまり「祈れ、働け」という教義がありました。ベネディクト会には優秀な人が集まっていたので、働きながら農業革命を実践したのです。

そして、ワインの原料であるブドウなどを植え、ワインを醸造《じようぞう》します。現代の日本でもてはやされているドンペリ（ドン・ペリニヨン）は、シャンパンを発明したとされるベネディクト会の修道士ドン・ペリニヨンにちなんで名づけられたぐらいです。

現在、ワインの産地として名高いフランスや南ドイツも、最初からブドウの名産地だったわけではありません。修道院のミサにはパンとブドウ酒が必要ですから、ブドウ酒造りのために修道士が植え、農民に教えたりして、ブドウの産地になったのです。

つまり、ブドウ産業は修道会によって興隆したということです。修道院は、ほかの農作物も栽培し、修道院の近くの村では飢えがなくなりました。

このことは宗教改革以後のプロテスタントの人は言いませんが、ローマの五世紀頃の食料問題に貢献をしたのはベネディクト会です。そして、その結果、キリスト教がヨーロッパ中に広がっていきました。

たとえば、今のドイツのミュンヘンの語源は、「バイ・デン・ミュンヘン（修道僧が住むところ）」です。また、イギリスをはじめヨーロッパにはマンチェスター、ウエストミンスター、ミュンスター、カンタベリー、ニューベリーのようにスターやベリーがつく地名がありますが、これらはだいたいベネディクト会の修道院に由来しています。

「ローマ帝国はローマ教会になった」とは、よく言われますが、私も同感です。ローマ文明のすべてではありませんが、その多くはローマ教会のなかに受け継がれています。ギリシアの高度な文明やローマ史などの伝承も、修道院で書き写して書物にしましたし、今お話ししたように修道院が民衆に農業を教えたわけです。

このため、ローマ人の精神性は、ローマ時代の多神教的思想ではなく、一神教のキリスト教的な思想に変質していきます。また、キリスト教は宗教・文化面だけではなく、ローマ教皇のレオ一世（在位・四四〇〜四六一年）が、侵攻するフン族を平和的に追い払ったように、世俗的な行政・外交面にも力を発揮していきます。

そうなると、ローマ人は政治権力（帝国政府）よりも宗教権力（教会）のほうを信用します。つまり、「ローマ帝国はローマ教会になった」わけです。これは、ローマ教会がローマ帝国を滅ぼしたということではなく、ローマ帝国がだらしないから、ローマ教会が代わりに出てきたということでしょう。

ローマ皇帝はローマ教皇になった!?——本村

ローマ文明は衰退したのではなく、キリスト教文明に変質したのだ、と私も思っています。つまり、ギリシアから受け継いだ多神教思想にもとづく、ローマのクラシカルな文明が、一神教の文明に徐々に取り込まれていったということです。

たとえば、キリスト教の聖人パウロの考え方とプラトンの考え方には、ある種の類似性、親和性が認められます。そのように見ていくと、古典的な思想がキリスト教のなかに脈々と受け継がれている、と考えることもできるのです。同様に、一神教のイスラムにも、類似性があると思われます。

ローマ文明は外側の見える世界より、精神世界や人間の心の内側に向いていったのです。ストア哲学も同様に、物質的な豊かさよりも精神的な豊かさを求めていますが、その最後に来るのがキリスト教的な考え方ではないでしょうか。

キリスト教は一世紀、貧困に苦しむパレスチナの民衆の救済願望を背景に誕生しました。そして、救世主（メシア）と信じられたイエスの受難、復活などのエピソードが語り継がれると、「イエスは、人間の背負う罪を贖《あがな》うために十字架《じゅうじか》上で死んだ」という思想が生まれ、この信仰を中心に、キリスト教は成立します。

当時のローマ社会では多神教が信じられ、皇帝も神のひとりとされていました。ところが、キリスト教徒は唯一絶対神《ぜったいしん》を信じ、皇帝礼拝を拒《こば》み、国家祭儀にも参加しないのですから、とうてい受け入れられません。

彼らは結局、反社会集団と見做《みな》され、ネロ帝の迫害《はくがい》（六四年）や、ディオクレティアヌス帝の大迫害（三〇三年）を受けるのですが、それでもキリスト教徒は帝国全土に拡大し、これを禁じれば帝国の統治は維持できなくなるほど、ローマ皇帝は追い込まれます。ついに三一三年、コンスタンティヌス一世はミラノ勅令《ちょくれい》を発し、キリスト教を公認します。そのため、彼はローマ教会に「聖人（セイント）」として列福《れつぷく》されます。

キリスト教はその後、教義を巡る論争による混乱や、「背教者《はいきようしや》（アポスタータ）」と軽蔑《けいべつ》されたユリアヌス帝（在位・三六一～三六三年）の多神教復興政策による圧迫を経験しますが、テオドシウス帝（在位・三七九～三九五年）により、三九二年に国教《こつきよう》とされると、国家権力との結びつきを深め、教会は権威をさらに高めていきました。それを象徴するのが、ローマ教皇の正式名称です。

ローマ教皇はラテン語で「ポンティフェクス・マクシムス」と言いますが、ポンティフェクスは「神祇官《じんぎかん》」、マクシムスは「最高」の意味ですから、「大神祇官」です。

この「ポンティフェクス・マクシムス（大神祇官）」は、もともとローマの国家宗教の最高司祭《しさい》を表わす地位・名称であり、初代皇帝アウグストゥスが就任してから、歴代のローマ皇帝が兼任するのが慣例でした。その後、コンスタンティヌス帝によってキリスト教が公認され、国教となっていく段階で、そのままキリスト教の最高職の名称として受け継がれたのです。

ちなみに、背教者とされたユリアヌス帝ですが、私はむしろ高潔な人物だと思っています。彼が背教者と言われた理由は、キリスト教への優遇政策を廃止したほか、「異端」とされた者たちに恩赦《おんしゃ》を与え、キリスト教内部の対立を喚起《かんき》するなど、巧妙にキリスト教内部の抗争を誘導したためです。また、ユダヤ教のエルサレム神殿の再建許可を出して、キリスト教徒の反感も買いました。

しかし、彼が目指したものは、ローマ人の先祖が持っていた美徳や文明を復活させて、ギリシア人やローマ人の誇りを後世に伝えていきたい、ということだったと思います。キリスト教が公認され、国教化されていくなかで、利権を漁《あさ》る世俗的な人物も出現します。彼は、それに我慢《がまん》できなかったのではないでしょうか。彼は、「キリスト教は高潔なことを言っているけれど、おまえたちはそうではなく、むしろ堕落《だらく》している」と言いました。ローマ教皇やキリスト教徒にしてみれば、痛いところを突かれたのかもしれません。彼の思想は、キリスト教徒も学ぶべき、非常に高潔なものだと思います。

ローマの滅亡から得られる教訓――渡部

なぜ、ローマ帝国は滅亡したのか――。本村先生がおっしゃるとおり、その理由は数多く指摘されると思いますが、単純に言えば、ローマ人の子孫が堕落したのだ、と私は思います。

パンとサーカスに代表されるローマ市民の享楽性、労働意欲の減退、貧富の格差、軍人の質の低下など、ローマを支えたローマの美徳がすべて失われてしまったのではないかと思います。

私は、衰退期~滅亡期のローマ人に、寛容の精神や父祖の遺風、ピエタス（敬虔《けいけん》さ）、ウィルトゥース（徳）などの精神性を感じることができません。法の下《もと》の平等も怪《あや》しくなってきましたし、「分割して統治せよ」に至っては分割どころか属州の独立を許してしまいます。中央に強い軍隊を持つような政権があれば、まだ属州を支配できるのですが、当《とう》の軍隊は傭兵ばかりで、数だけ多い烏合《うごう》の衆《しゅう》となってしまいました。これでは、広大なローマ帝国を維持することなどできるわけもありません。

そのため、ローマ帝国は東西に分裂したり（三九五年）、フランク王国（現・フランス）

の台頭やヒスパニア（現・スペイン）の独立を許したりしてしまうのです。その後、フランク王国はメロヴィング王朝により統一され（四八一年）、続いてカロリング王朝が興《おこ》り（七五一年）、のちの神聖ローマ帝国（九六二〜一八〇六年）へ続いていきます。

しかし、神聖ローマ帝国は、本来のローマ帝国ではありません。カエサルや五賢帝が築いたローマ帝国は単なる理想像として、国名だけ後世に伝えられたということでしょう。

歴史上のあらゆる国家、文明が消滅する時は、ローマと同じような道をたどります。つまり、国家の中心の力《パワー》が衰え、求心力を失い、滅亡するのです。

小さな日本で平安文化が廃《すた》れたのも、京都の命令により東北で戦っていた武士たちの中央への求心力が衰えて、後年《こうねん》、鎌倉幕府を樹立したからです。なぜ、中央への求心力がなくなったかと言えば、ローマと同じく、貴族のウィルトゥースが失われてきたからでしょう。今、私たちが生きている時代でも、アメリカの求心力が急速に失われています。その理由はさまざまですが、これは第四章でお話しします。

最後の皇帝と静かに消えたローマ帝国――本村

なぜ文明は、興隆と衰退を繰り返すのでしょうか。これは、歴史の永遠のテーマです。『ローマ帝国衰亡史』を著したエドワード・ギボンは、ゲルマン民族の南下の影響を受け、ローマは衰退した、と指摘します。ただ、それはあくまでも外的な要因だと私は思います。もちろん、ローマの直接的な滅亡要因はゲルマン民族の侵攻かもしれませんが、私は外的要因のみによるローマ帝国滅亡説には同意できません。

では、ローマ帝国滅亡の内的要因、つまり、ローマ帝国一二〇〇年の内部に発生した〝がん細胞〟とはなんでしょう。

そのひとつは、さきほど渡部先生も言及されたとおり、キリスト教の拡大・台頭でしょう。イタリアの歴史学者アルナルド・モミリアーノは「それまでなら、ローマ帝国の中枢《ちゅうすう》に行くべき連中が、教会に行ったことがローマの衰退のひとつの原因だ」と述べています。つまり、本来は国家の中枢に就《つ》くべき優秀な人材が、キリスト教に行ってしまった、それがローマ帝国の内部を徐々に侵襲していったのです。

また、唯一絶対神を信じるキリスト教徒の増加により、ローマ皇帝の相対的な地位が下がったり、軍人皇帝時代の混乱を経て、皇帝への求心力が失われたりしたことも内的要因のひとつと言えるでしょう。ローマ帝国は、滅亡寸前の四世紀に専制君主制へ体制を変換しますが、それは求心力を失った皇帝の、求心力を回復しようという対症療法にほかなりません。

さらに、渡部先生のご指摘された要因やインフラの老朽化も挙げられます。気候変動を言う学者もいれば、出生率の低下を挙げる学者もいます。なにしろ、ローマ帝国衰亡論を数えると二一〇ほどあり、滅亡の原因は学者の数ほどあるとまで言われています。

それくらい多種多様かつ複雑なのですが、私は、一二〇〇年という長い間に発生したさまざまながん細胞が全身に転移し、多臓器不全に陥り、ついには命を奪った、あるいは老衰した、と考えています。

西ローマ帝国最後の皇帝は、神話で語られる建国時の王ロムルスと奇《く》しくも同じ名前の幼帝ロムルス・アウグストゥルス。彼はゲルマン人の傭兵隊長オドアケルに廃位に追い込まれるのですが、その後、彼がいつ亡くなったのか、その子孫はどうなったのか、まったくわからないというほど、西ローマ帝国は静かに幕《まく》を引いたのです。

第二章

スペイン、オランダ

——海上覇権と貿易

スペインの興隆は、大航海時代に始まった――本村

十五世紀半ばから十六世紀後半までのスペインは、アメリカ大陸や中南米を中心とする広大な領土を統治し、「太陽の沈まない国」と言われるほど繁栄しました。その背景には、十四世紀後半から始まる科学技術や航海技術の著《いちじる》しい進歩による海運の発展と、それにともなう十五世紀以降の重商主義、植民地主義の拡大などが指摘できると思います。

世界史的に見た近世は、海洋の開発から始まりました。中世の後半に羅針盤《らしんばん》が改良されたり、快速帆船《はんせん》が普及したりして、遠洋航海に対する自信を持った人々が「大航海時代」から始まる新しい時代を切り開いていったのだ、と私は理解しています。

中世までの貿易は、地中海世界がほとんどすべてでした。地中海はヨーロッパ、北アフリカ、西アジアなどの大陸に囲まれた内海《ないかい》であり海象《かいしょう》も穏やかなので、貿易に最適な海ととらえられがちです。ただ、私がローマ史の研究家だからでしょうか、地中海世界を実際に訪れると、それほど穏やかな海ではないと実感します。

ホメロスの創作と伝承される古代ギリシアの長編叙事詩『イーリアス』や『オデュッセイア』によると、地中海は荒れ狂うことも珍しくありません。『オデュッセイア』には、

トロイア戦争の英雄イタカ王のオデュッセウスが凱旋途中に嵐に巻き込まれ、長期にわたって島に閉じ込められ、一〇年間も漂泊したことが語られています。したがって、当時の人々は海に対して強い恐怖心を抱いていたのではないかと思うのです。

しかし、航海技術や造船技術の進歩により、海に対する恐怖心が薄れてくると、地中海という閉ざされた内海世界にとどまらず、利権を求めて大西洋、太平洋、インド洋など、未知の外海《がいかい》に進出したのです。

大航海時代という言葉は、非常にアドベンチャラスでロマンを誘います。しかし、現実には、ポルトガルやスペインが資源や植民地を求めて一四〇〇年代から海に進出した、というのが実態です。むしろ、「大交易時代」と呼ぶほうが適切です。

その頂点に立つのは、スペイン王国のイサベル女王（イサベル一世、在位・一四七四〜一五〇四年）が派遣したコロンブス（一四五一〜一五〇六年）による、一四九二年のアメリカ大陸の発見です。したがって、スペインの興隆は十五世紀半ばから始まったと言えます。

内（レコンキスタ）から外（新大陸）へ向かった力――渡部

スペインが海に乗り出したのは、国民の自信が芽生《めば》え、意気が高揚していたからだと思います。そのきっかけのひとつになったのが、「レコンキスタ（国土回復運動）」と言われる異教徒の国外排斥に成功したことでしょう。

当時のイベリア半島では、イスラム国の後《こう》ウマイヤ朝（七五六～一〇三一年）の支配の名残《なごり》で、中世では唯一、キリスト教徒、ユダヤ教徒、イスラム教徒が混在していました。同朝の崩壊後に建設されたアラゴン王国では、人口の35％をイスラム教徒が占めていたと言われています。

この背景には、「スペインの異教徒に対する寛容な支配があった」と指摘する研究者も少なくありません。スペインは、ユダヤ人の潤沢《じゅんたく》な経済力や緻密《ちみつ》な情報網などに依存して、領土を拡張し、大帝国を築いたという現実もあり、ユダヤ人をはじめとする異教徒を内包するしかなかったのです。コロンブスのアメリカ大陸発見も、ユダヤ資本なくして成功はありえませんでした。

しかし、一四七八年、ローマ教皇がスペイン国王に「異端審問官任免権《いたんしんもんかんにんめんけん》」を認める教皇勅書《ちょくしょ》を与えると、宗教への寛容さも終焉《しゅうえん》を迎えます。この勅書により設立された異端審問所はユダヤ教徒、イスラム教徒などを迫害し、特にユダヤ教徒からキリスト教徒へ改宗した多くのユダヤ人を「偽キリスト教徒」として拷問《ごうもん》したり、処刑したりしました。

さらに、一四九二年、イサベル女王・フェルナンド王（フェルナンド二世、在位・一四七四〜一五〇四年）夫妻は、ユダヤ教徒に対して、改宗するか国外へ立ち去るかの選択を迫る勅令を発します。これにより、一説には二〇万人ものユダヤ人が国外退去し、ポルトガルなどの周辺国に移住したとされています。

同時にスペインは、ナスル朝の首都グラナダを二年間の戦闘で陥落させたり（一四九二年）、その後のオスマン帝国（オスマン・トルコ）とのレパントの海戦（一五七一年）にも勝利を収めたりするなど、華々《はなばな》しい成果を挙げていきます。

おそらく、当時のオスマン帝国の国力は衰退していたのでしょうが、そんなことはスペイン人には関係ありません。スペイン国王はもちろん、国民全体に「あのイスラム教徒を追い出し、戦争にも勝った」という高揚感が高まると共に、自信が生まれ、冒険精神も出てきたのではないかと思います。

そして、たまたま造船技術が高くなったので、大海に乗り出していったと思うのです。そうでなければ、海のはては滝のように流れ落ちている、煮《に》えたぎっている――と考えられていた当時、遠洋航海に乗り出すような〝向《む》こう見《み》ず〟な人はなかなか出てこないような気がします。

最近の日本人の若者は内向《うちむ》きと言われますが、それは若者だけの責任ではないのかもしれません。今の日本は、戦争で勝った経験はもちろんないし、経済戦争にも敗北感を味わっているのですから。

大航海時代とは、ヨーロッパ世界の拡大――本村

中世のヨーロッパの国家は、その多くが封建国家（主君と臣下《しんか》との双務関係で結ばれた国家）です。中世までのイベリア半島も、カスティーリャ王国やアラゴン王国などに分かれていましたが、カスティーリャ国王の娘イサベル王女とアラゴン国王の息子フェルナンド王子との一四六九年の結婚をきっかけに、一四七九年にスペイン王国が誕生し、その勢いでグラナダを陥落させたり、レコンキスタに成功したりするわけです。

すると経済力が伸《の》び、国力はさらに拡大するわけですが、そこにはコロンブス、ヴァスコ・ダ・ガマ（一四六九頃～一五二四年）、アメリゴ・ヴェスプッチ（一四五四～一五一二年）、マゼラン（一四八〇頃～一五二一年）などの冒険心が強く、貿易の利潤を求めて新たな世界を切り開いた人たちと利害が一致したことがあります。

その結果、地中海世界が世界規模に広がりました。つまり、ヨーロッパ世界が世界規模に拡大したのです。

そして、イサベルとフェルナンドの時代から、ふたりの孫のカルロス一世（在位・一五一六～一五五六年）に続く時代に、スペイン帝国（当時の国名はカトリック王国）は空前の繁栄を極《きわ》めます。ちなみに、彼は神聖ローマ帝国の皇帝を兼務したため、カール五世とも呼ばれます。

しかし、この時期のスペインはすでに黄金期を過ぎていたため、イギリスとのアルマダの海戦（一五八八年）の敗北により徐々に衰退したと、私は理解しています。

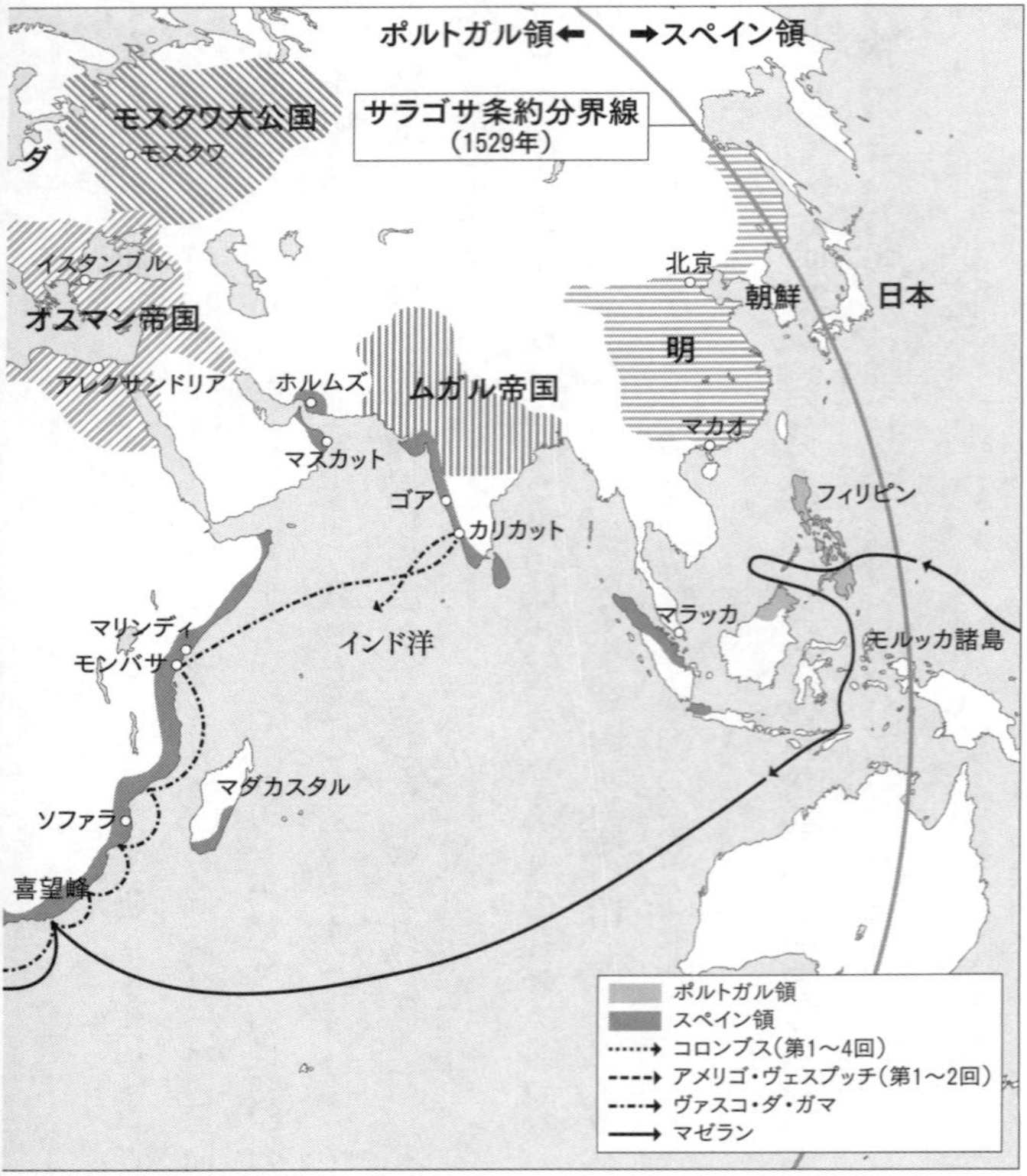
ポルトガル領⬅　➡スペイン領
サラゴサ条約分界線
（1529年）
モスクワ大公国
モスクワ
ダ
イスタンブル
オスマン帝国
アレクサンドリア
ホルムズ
マスカット
ムガル帝国
ゴア
カリカット
北京
朝鮮
日本
明
マカオ
フィリピン
マラッカ
モルッカ諸島
マリンディ
モンバサ
インド洋
マダカスタル
ソファラ
喜望峰
ポルトガル領
スペイン領
コロンブス（第1～4回）
アメリゴ・ヴェスプッチ（第1～2回）
ヴァスコ・ダ・ガマ
マゼラン

大航海時代の世界

スペイン領
ポルトガル領
イギリス
オラン
フランス
ポルトガル
スペイン
リスボン
パロス
カリフォルニア
ヴァージニア
大西洋
サンサルバドル島
テノチティトラン
①
②
③
④
太平洋
パナマ
ヴェルデ岬
①
②
クスコ
リオデジャネイロ
ブエノスアイレス
マゼラン海峡
トルデシリャス条約分界線
（1494年）

搾取《さくしゅ》の帝国・スペイン——本村

海外に広大な植民地を経営したスペインですが、貿易ではけっして成功していません。むしろ、同時代のオランダやポルトガル、のちのイギリスなどのほうがはるかに優れていたと思います。

ただ、スペインは植民地を圧倒的に持っていたので、衰退にさしかかっても、しばらくは〝食いつなぐ〟ことができましたが、海上貿易国家としては、オランダ、イギリスに徐々に追い落とされていきました。

つまり、スペインには産業を興《おこ》し、植民地と貿易して利益を上げるという発想も力もなかったと思うのです。自《みずか》ら貿易の形式を創造していく力があったオランダやイギリスに比べると、スペインは相対的に低下していかざるを得なかったのです。

当時のヨーロッパの王家を飾った金や銀の多くは、スペインから輸入されたと言われています。したがって、スペインは当初ものすごくもうけましたが、そのもうけの源泉は地下から採るものでした。つまり、掘り尽くせばなくなります。スペインはしょせん、植民地から略奪していただけの「搾取の帝国」と言えるのです。

いっぽう、歴史的に言えば、ポルトガルはフェリペ二世の時にスペインに吸収された同《どう》君《くん》連合（複数の国家の君主が同一人物である状態）ですが、スペインより貿易は盛んでした。ポルトガルは、スペインのグラナダやアンダルシアより早くキリスト教国になっており、ヨーロッパ最古の国民国家と言っていいほどまとまっていました。

また、ポルトガルはイエズス会の拠点になっていました。イエズス会は、布教のために積極的に南米やアジアに進出し、それと共にポルトガルは世界各地と貿易し、スペイン以上の利益を上げていました。

ただ、イエズス会は軍隊的な非常に厳格な戒律《かいりつ》があり、いわゆる寛容の精神に欠けるところがありました。そのため、南米などでの布教に際して、多くの苦難を受けることになるのです。

ユダヤ人を追い出した国は衰退する——渡部

当時の海上覇権を持っていたのはスペインですが、現実的な権益はイギリス、オランダが握っていました。そして、レコンキスタやカール五世により、ユダヤ人はスペインから追い払われ、イギリスやオランダに逃げていきました。これはのちのち、スペインにもイギリスにも大きな影響を及ぼします。

歴史的に見ると、ユダヤ人を抱き込んだ国のほとんどは強国になる半面、ユダヤ人を追放した国は衰退しています。

当時の国境を越えるインテリジェンス（情報）はローマ教皇庁とユダヤ人社会しかありません。しかし、ローマ教皇庁にインテリジェンスはあってもミッション（使命）を送るぐらいで、領土拡大や貿易にはあまり結びつきませんが、ユダヤ人は経済力と結びついた情報網を世界中に広げていたのです。

つまり、豊かな財力と情報網を持つユダヤ人が移住したイギリスやオランダは、莫大な資本を背景とする貿易が可能になるということです。これは、スペインの衰退論にもつながりますが、経済力を有《ゆう》したユダヤ人を追放しては、貿易が成功するわけがありません。

ユダヤ人たちはローマ以前のヘレニズム時代から、世界各地に散らばり、情報を利用しながら富を蓄《たくわ》えてきました。逆に言えば、国家はユダヤ人をうまく利用し、ユダヤ人も国家を利用して共存してきたのです。おたがいがウィン-ウィンの関係で、国家もユダヤ人ももうかっているわけです。

次章で詳しくお話ししますが、十九世紀イギリスのロスチャイルドのケースも同様です。その意味では、ユダヤ人を追放したスペインが貿易でもうけられない、損をするのは当然なのです。

経済で世界に覇《は》を唱えたオランダ——渡部

「殿様が財産を使いはたし、その子孫は没落する」というような植民地経営をしたスペインに対し、オランダは貿易で財を積み重ね、一六六〇年代には商業面における世界最強の国として認知されます。

十七世紀のオランダは、当時の貴重品で非常に高価だった麝香《じやこう》をほぼ独占的に扱っていました。麝香は、ジャコウジカの腹部に位置する香嚢《こうのう》から得られる分泌液で、その甘い香りは高級香水として、当時のヨーロッパで珍重されていました。

また、今も首都アムステルダムが「ダイヤモンドの街」として知られるように、オランダは、ダイヤモンド貿易に注力しました。ダイヤモンドの原石は、十八世紀にブラジルで鉱山が見つかるまでは、すべてインドで産出されましたが、その原石を研磨《けんま》して多面体の宝石に作り変える作業や鑑定、販売は古くからユダヤ人が独占してきました。

このほかにも、オランダは胡椒《こしょう》などの香辛料《こうしんりょう》、コーヒー、茶葉《ちゃよう》、砂糖、絹、綿布、羊毛、サンゴ、金属など多岐《たき》にわたる物品を植民地から調達するいっぽう、スペインに輸出した繊維製品の代金として支払われた銀で決済しています。

つまり、この時代のオランダには、すでに「資本主義の精神」が根づいており、その精神を培《つちか》ったのは、ユダヤ教徒をはじめ、カルバン派、ルター派、ピューリタンなどのプロテスタントとされています。

スペインの項でも述べましたが、ユダヤ人が定住した土地には巨額の富が集積し、貿易と金融ネットワークが発達します。これはオランダも例外ではありません。

さらにオランダは、宗教に対して寛容であるために移民も増え、ライデン、ロッテルダム、アムステルダムなどの都市人口が急激に増加し、いっそう国力を高めたのだと思います。ある歴史学者によると、十七世紀半ばの全世界の貿易船の総数二万隻《せき》のうち、一万五〇〇〇隻以上をオランダ船が占《し》めたと推計されるほど、経済的に繁栄しました。

ヨーロッパの西端に位置し、その多くが低地地域であるオランダが、わずか五〇年程度とはいえ、経済で世界に覇を唱えたことは驚きに値《あたい》します。しかし、恵まれない土地を本貫《ほんがん》としながらも、海運国としては、ライン川の下流に位置する地政学的なメリットは大きかったのです。

現代世界で、工場群が一番多いのは東京湾です。いわゆる京浜《けいひん》・京葉《けいよう》工業地帯と言われる地域です。そして、二番目に多いのはライン下流です。ヨーロッパ大陸の河川は日本の河川のように流れが速くなく、ゆっくりと流れているために、水上輸送に便利なのです。

十六～十七世紀当時、大規模な陸上輸送はほとんど不可能ですから、オランダはまさに貿易に適していた地勢を持っていたということです。

カルタゴとオランダの類似性――本村

貿易で富を得た近世のオランダと古代のカルタゴは、非常に似ていると思います。

私は、カルタゴの港跡《あと》を訪れたことがありますが、実にすばらしい。まず商港があり、その奥に軍港があるのですが、それが自然を利用した入《い》り江《え》状になっていて、どんなに海が荒れても利用できるような良港なのです。

このような港を利用していたのだから、カルタゴは相当な軍事力を持っていたはずですが、結果的にはローマに負けてしまいます。要するに、ローマはそれ以上に強かったということです。

ローマは第一次ポエニ戦争（紀元前二六四〜同二四一年）で、最終的にはカルタゴに勝利を収めるものの、かなり手こずります。ローマは兵力や軍備に勝《まさ》っていましたが、ハンニバルの父親ハミルカル将軍に苦しめられました。歴史家ポリビュオスは、彼を「人望があり、戦略的にも優れたすばらしい人物である」と称賛し、「将軍の器《うつわ》、武将の才覚はカルタゴのほうがローマよりはるかに優れていた」と述べています。

しかし、歴史のなかにも運・不運があります。カルタゴは戦争の最後の局面で、軍団が地中海で大きな嵐に遭遇し、ほとんど壊滅してしまいます。それが第一次ポエニ戦争におけるカルタゴ敗戦のきっかけでした。つまり、カルタゴは、海軍力ではローマに勝っていましたが、嵐という不運に負けてしまった。日本の鎌倉期、大軍団で攻め込んできた蒙古《もうこ》軍が神風《かみかぜ》（台風）により大損害を被《こうむ》ったケースと同様です。

ハミルカルのあとのハンニバルは、父親に負けない非凡なる才覚を持っていました。さらに人望もあり、兵士たちが臣従《しんじゅう》します。第二次ポエニ戦争において、ローマ軍は、カルタゴは今回も海軍力で来るだろう、海を渡って来るだろう、と思っていると、逆を突いて陸路を伝ってアルプス山脈を越えて攻め込んで来たのです。

おそらく、ハンニバルは短期決戦に持ち込み、優勢のうちに休戦協定を結ぼうという作戦だったのでしょう。そして、実際にカンナエの戦いで圧勝し、「われわれがこれだけ圧倒的な力を見せつければ、ローマについている都市も、カルタゴになびくに違いない」と思ったのです。しかし、各都市はローマへの支持を崩《くず》しませんでした。これは、ハンニバルの誤算であり、ローマに戦闘で勝っても戦争には勝てなかった理由でもあります。

とはいえ、カルタゴは軍事力が弱かったわけではありません。陸軍力ではローマに敵《かな》いませんでしたが、海軍力は絶えず勝《まさ》りました。ここが、オランダと違うところです。

オランダは一六〇〇年代にもっとも繁栄し、ヨーロッパ随一の富裕な国家だったと思います。また、バルト海や地中海地域との中継貿易に力を注いだ点は、カルタゴと類似しています。中継貿易の発想がなく、海賊《かいぞく》的な貿易を行なったイギリス（後述）に比べれば、オランダやカルタゴは貿易国家として〝真《ま》っ当《とう》〟だったと言えるでしょう。

前近代を通じて、物資をA地点からB地点に動かしてもうける商法は「賤民《せんみん》資本主義」ととらえられていました。日本の身分制度（士農工商《しのうこうしょう》）のなかで、商人が一番低く位置づけられていたのと同じです。商人の地位が高くなるのは近代以降ですが、ここにはオランダの近世からの貿易法が大きく貢献していることは言うまでもありません。

プロテスタントが資本主義を生んだ——渡部

今の本村先生のお話——商業には賤民思想があり、その意識が変わったのは近代からである——には同感です。これにには、宗教が大きく絡《から》んでいます。

中世はカトリックの時代ですから、その保守的な思想が労働に対する考え方にも反映し、額《ひたい》に汗して働くことが崇高《すうこう》だと考えられていました。このため、単に物資を右から左へ動かすだけで、巨額の利益を生む中継貿易などは受け入れ難《がた》いのも当然です。

第一章でお話ししましたが、六世紀に設立されたベネディクト会の教義は「祈れ、働け」というものでした。この「働け」とは、小麦を作ったり、ブドウを育てたりすることであり、物資の移動でお金を得ることなど、いっさい考慮されていません。

資本主義的な発想は、植民地の開拓時代が始まった近世以降に限られ、そこには、中世を否定するプロテスタント特有の考え方が強く影響しています。

特に、カルバン派の「魂《たましい》が救われるかどうかは、あらかじめ神により決定されている」という「予定説」は、職業労働で成功することは神の栄光を表わす道と理解する考え方と結びつき、西ヨーロッパの商工業者に広く普及し、現代まで続いているのです。

利潤の追求は悪ではなく、神の御心《みこころ》——本村

ドイツの社会・経済学者マックス・ウェーバーは、『プロテスタンティズムの倫理と資本主義の精神』(一九〇四〜一九〇五年発表)のなかで、お金もうけは悪であると否定する思想に対し、世俗内で禁欲的に信仰と労働にはげむことは資本主義の精神に適合性を持つという論理を示し、近代資本主義の成立を論じています。

それは渡部先生がおっしゃるとおり、中世では賤民思想とされたお金もうけも悪いことではない、稼《かせ》いだお金を教会に寄付するなど有効に使えばいい、農業でも商業でもいいか

ら勤勉に働きなさい、それは神からの使命なのだ、というカルバン派の考え方に沿ったものでした。

さらに、最初から利潤を求めるのではなく、禁欲的に天職にはげみ、その結果として利潤を得るのであれば、それは安価で良質な商品や手厚いサービスの提供につながる。それは、まさに神の御心であり、救済を確信させる証《あかし》である、としています。

そして、利潤の追求は悪ではない、という思想が宗教から切り離され、現代の資本主義につながっていきますが、その根底には『プロテスタンティズムの倫理と資本主義の精神』との共通性あるいは親和性があるわけです。この発想は、当時のカトリック信徒からはけっして出てきません。

海賊国家・イギリスに敗れた貿易国家・オランダ――渡部

オランダの海軍力を叩《たた》き潰《つぶ》したのは、イギリスの海上防衛や貿易を保護するために、一三八一～一六九六年にかけて九回も制定されたイギリスの航海条例です。特に、政治家クロムウェル（一五九九～一六五八年）が実権を握っていた頃に制定された一六五一年の航海条例は、「クロムウェル航海法」とも言われ、あからさまに、オランダ船による中継貿易の排除を目的としていました。

この背景には、ネーデルラント諸州がスペインに反乱を起こした八十年戦争（オランダ独立戦争）の影響によるイギリスの貿易収支の大きな落ち込みと、一六四七年にスペインとオランダ間の通商停止が解除されたことにありました。

その後、オランダは中継貿易港のアムステルダムの全権を得るいっぽう、イベリア半島や地中海地域における貿易でイギリスを圧倒します。さらに、イギリスとイギリスの植民地の貿易さえも、オランダの貨物船を使ったため、イギリスは収益のほとんどをオランダに持っていかれました。

このため、クロムウェルは、イギリス本国と植民地には外国船を入れない、入船する船はイギリス人（植民地の住民を含む）乗組員が最低半数を占めること、などの条件を定めた法律を制定したのです。これにより、オランダの貿易上の利権は大幅に制限されました。

そして、三次にわたる英蘭戦争（第一回は一六五二〜一六五四年）が勃発《ぼっぱつ》し、イギリス海軍は大型軍艦を投入します。しかし、オランダは当時最高の造船技術を誇っていたにもかかわらず、オランダ沿岸の水深が浅いという地理的条件などから大型軍艦を持っていませんでした。このため、オランダは数度の激戦の末《すえ》、英仏海峡の制海権を失い、十八世紀末期には、オランダの国力が疲弊《ひへい》すると共に海上貿易における優位性も完全に手放すこととなりました。

大航海時代に乗り遅れた十六世紀のイギリスは、ヨーロッパの後進国に甘んじていました。女王のエリザベス一世（在位・一五五八〜一六〇三年）は、「私掠免許《しりゃくめんきょ》（民間の船が他国船を攻撃したり、拿捕《だほ》したりすることを認める）」を海賊たちに与えます。そして、海賊たちはスペイン船やオランダ船に略奪行為を働き、奪った金品が国家財政を支えました。これでは、イギリスは国家ぐるみで海賊をしていると批判されてもしかたがありません。

なお、海賊（私掠船船長）として活躍するいっぽう、アルマダの海戦でスペインの無敵艦隊を撃破したドレーク提督《ていとく》はエリザベス一世からナイトの称号を与えられ、海軍中将にまで上り詰めています。

また、のちのナポレオン戦争（一八〇三〜一八一四年）におけるトラファルガーの海戦

（一八〇五年）で、フランス・スペイン連合軍を撃破したネルソン提督は、北海沿岸の出身であり、その姓「ネルソン」は、北欧語「ニールセン」が英語化したもので、先祖はバイキング（海賊）である可能性が高いのです。

しかし、オランダにも、海賊やバイキングはたくさんいます。このため、英蘭戦争は言わば海賊どうしの戦いですが、火のついた船を敵艦隊に突っ込ませるなど、海賊的な戦法を採ったイギリスの前に、オランダは屈《くっ》します。

その後、オランダの植民地はどんどん縮小し、最終的には英蘭戦争前に支配していた、今日《こんにち》インドネシアになっている諸島などに限定されてしまいます。それでも、オランダが貿易で利を上げられたのは、日本と通商関係を結び、アジアに勢力を保っていたからです。

イギリスも東アジアに勢力を伸ばしたかったのですが、日本には入れなかった。この影響はかなり大きいのです。

海上覇権と国家の盛衰――渡部

ここまで、スペインやオランダについて話してきましたが、最後に、スペイン衰退の原因を端的《たんてき》に示すとすれば、本村先生はどのようにお考えですか。

私は、さまざまな見方があることは承知していますが、ひとつ挙げるとすれば、やはり、「無敵艦隊」とまで謳《うた》われた海軍が、アルマダの海戦でイギリスに敗北したことでしょう。この敗戦がスペインの衰退を早めたのだと考えます。

第一章でも述べましたが、海戦で負けた国が発展することは、歴史上ありません。海外への進出が国力拡大に不可欠だった時代にあって、海上覇権を敵国に握られて貿易が封鎖されれば経済的にも行き詰まりますし、国民の士気は下がり、国際間で侮《あなど》られるのは明らかです。

軍事力について、戦後の日本ではあまり語られることはありませんが、軍事力は国を隆盛させるためにも、覇権を支えるためにも絶対不可欠です。やはり、マハンが述べた海上覇権の重要性は正しいのです。

大航海時代をとおして海上覇権を握ったスペインは、そこから世界で最初の海上覇権国家に上り詰めますが、その終焉も海戦だったのです。

宗教への不寛容がスペインを衰退させた――本村

大帝国と言われたスペインも、実質的に繁栄したのはイサベルとフェルナンドが王位に就《つ》いた十五世紀半ばから、フェリペ二世の統治までの約一五〇年間でした。その後もスペインという国は存続し、現代まで続いていますが、その繁栄期はローマと比べると短命と言わざるを得ません。

その理由は、国家機構の弱体化、産業の後進性、巨額の対外債務、慢性的な財政危機、人口の減少、根強い封建的伝統などさまざまな要因が指摘され、歴史家にも興味深いテーマのひとつです。

しかし、スペイン衰退の真犯人は、一四八〇年から始まった宗教政策だと思います。

スペインは自らの国名を「カトリック王国」と言っていました。つまり、カトリック一色で塗り潰《つぶ》そうとしたわけです。レコンキスタでイスラム教徒を追い出し、さまざまな技術や資産を持つユダヤ教徒を迫害し、民衆に王室と同じ信仰を強制しようとしたことが、結果的に大きな禍根《かこん》を残しました。

ここが、信仰を強制せず、寛容の精神で支配したローマと決定的に異なる点です。さて、第二章はここまでとして、次章では七つの海（全世界の海）を支配したと言われるイギリスに話を移し、その国力の源泉や植民地支配の卓越性などについて、渡部先生と論議を深めたいと思います。

第三章

イギリス

——工業技術による産業立国

イギリスの興隆は、アルマダの海戦の勝利から──渡部

スペインは海上覇権国家であり、植民地から利を得た帝国でした。イギリスも海上覇権国家であり、広大な植民地を経営していたことは同様です。しかし、イギリスは世界に先《さき》駆《が》けて産業革命を成功させた産業国家でもありました。この章では、イギリスが覇を唱え、やがて衰退に至った要因について論じてみたいと思います。

イギリスの隆盛は、スペインとのアルマダの海戦に勝利を収めるところから始まった、と考えていいのでしょう。それまでは、イギリスから海賊船が出撃し、大西洋などでスペイン船を襲《おそ》っていたわけですが、業《ごう》を煮《に》やしたスペインが本気になってイギリスを潰《つぶ》そうとしたら、逆に潰されてしまったわけです。

この時、イギリス海軍は、ガレオン船という大型帆船を主軸としたスペイン海軍に対し、小さな帆船を中心に戦いました。軍艦の大きさから見れば、イギリスに勝ち目がないように思えますが、知人の元海上自衛隊幹部の方によると、その当時は小型船のほうが小回りが利《き》いて、戦闘に有利だったそうです。

イギリス海軍がそこまで考慮していたかはわかりませんが、「無敵艦隊」と世界中から

畏怖《いふ》されていたスペイン海軍を破ったことは、ヨーロッパ中にイギリス海軍の勇名を轟《とどろ》かせ、国内的には「イギリスは世界の一流国だ」という自信を国民に植えつけました。

その後、イギリスはインド洋から太平洋まで進出し、数多くの植民地を建設します。この間、フレンチ・インディアン戦争（対フランス・先住民連合軍、一七五四〜一七六三年）やオーストリア継承戦争（対フランス・スペイン・プロイセンほか、一七四〇〜一七四八年）、ナポレオン戦争（対フランス）にも勝利者側におり、ますます国際的な名声と覇権国家としての地位を固め、「七つの海を支配した」と言われるようになります。

これらの勝利で、イギリスはおおいに国威《こくい》を発揚《はつよう》し、国民もナショナリズムと愛国心が高まりました。それは、ナポレオン戦争におけるトラファルガーの海戦で勝利を収めたネルソン提督（同海戦で戦死）の業績を称《たた》え建立《こんりゅう》されたネルソン記念柱などからも、うかがえます。ロイヤルネイビー（王室の海軍）という意識が、いかにイギリス人の精神を支えていたか、想像に難くありません。

十九世紀になると、イギリスは東アジアに進出し、清国でアヘン戦争（一八四〇〜一八四二年）を引き起こしたり、日本の利権を求めて幕末の薩英《さつえい》戦争（一八六三年）を戦った

マルタ島
キプロス島
エジプト
インド
香港
ビルマ
アデン
アンダマン諸島
ラガダイブ諸島
ラブアン島
スーダン
サラワク
北ボルネオ
ソコトラ島
ユニオン諸島
英領ソマリランド
ブルネイ
ギルバート諸島
ウガンダ
セイロン島
モルディブ諸島
パプア
ソロモン諸島
ニコバル諸島
英領東アフリカ
ザンジバル島
セイシェル諸島
シンガポール
ニアサランド
ココス諸島
エリス諸島
ローデシア
マレー連邦州
フィジー諸島
トンガ諸島
モーリシャス島
オーストラリア
バストランド
ケルマデク諸島
南アフリカ連邦
ニュージーランド
チャタム島

大英帝国の領域（1914年）

り、下関《しものせき》戦争（一八六三、一八六四年）に連合軍（イギリス、フランス、オランダ、アメリカ）として参加したりして、いずれも勝利を収めます。ただ、薩英戦争では、イギリスは旗艦を砲撃され、艦長も戦死しており、一概《いちがい》に勝利とは言えません。しかし、薩摩《さつま》藩は鹿児島を焼かれたため、イギリスの大砲の力に敗れたと思い、イギリスに近づき、イギリスもまた薩摩藩を支持するようになりました。

その後、第一次世界大戦に連合国側として参戦し、勝利します。同大戦最大の海戦であり、水上艦どうしの海戦としては史上最大の海戦であるユトランド沖海戦（一九一六年）でイギリスはドイツに勝利を治めます。その損害はイギリスのほうが大きかったのですが、制海権を渡さず、ドイツはこののち潜水艦に頼らざるを得なくなります。

しかし、これは、アマルダの海戦から培《つちか》ってきたイギリス海軍の最後の輝きと言っていいかもしれません。

画期的《かっき》だった、コークスの発明――渡部

アルマダの海戦から第一次世界大戦終結までの三三〇年間、イギリスはなぜ世界に覇権を唱えることができたのでしょうか。それは、産業革命を成功させ、国内の工業が隆盛し、海外に植民地を建設するというイギリス人の野望が結実《けつじつ》したからにほかなりませんが、その背景にはエネルギーの心配をする必要がなかったことが大きいのです。

イギリス本土には石炭が豊富にあるうえに、イギリス人ははじめて効率的な石炭の使い方を世界に普及させました。それまで、石炭は世界中に埋蔵されているにもかかわらず、あまり使われていませんでした。しかし、イギリスでは、十八世紀にコークス（石炭から生産される固形燃料）を改良し、より効率的なエネルギー源としたのです。

コークスは石炭の直焚《じかだ》きや木炭よりも高い温度で燃焼するため、鉄を大量に精製できます。ここに着目したニューコメンは蒸気ポンプを製作（一七一二年）、それがワットによる蒸気機関の開発（一七六九年）につながり、産業革命を推進します。

さらに、軍艦も帆船から蒸気機関に急激にシフトしていきます。つまり、石炭はイギリスの覇権を支え、経済を発展させる〝黒いダイヤモンド〟だったというわけです。

日本にも石炭はたくさんありましたが、江戸時代末期まではその効果的な使い方がわかりませんでした。そして明治維新後、イギリスなどの先進国から石炭の活用法を学び、組織的に採掘するようになり、三井財閥などが形成されたのです。

ですから、世界で最初に石炭を効率的に使用することを考案し、実用化したイギリスが当時の世界を牽引《けんいん》するのも当然なのです。つまり、近代初頭に、イギリスはエネルギー革命を成《な》し遂《と》げたわけです。

産業革命とギャンブルの精神――本村

蒸気機関の理論は、古代の科学者も知っていました。古代の科学技術はヘレニズム時代のアレクサンドリアを中心に発達しましたが、蒸気機関の原理を使った簡単なしかけは当時すでに作られていたのです。

たとえば、古代の科学者たちは、神殿の前に篝火《かがりび》を焚《た》いてお湯を沸《わ》かし、そのお湯の力で自然に扉が開くしかけを作り上げていました。今で言う自動扉ですが、それを見た民衆は神の力と思い、びっくりするのです。とはいえ、当時の蒸気機関は燃料に木材を使っていたため、コークスのような高い熱量を発生できません。そのため、それ以上応用されることはありませんでした。

石炭は露天掘《ろてんぼ》りができるほど、世界中に埋蔵されています。しかし、近世までは暖房に使われる程度で、産業のエネルギー源として使われることはありませんでした。それは、石炭を輸送するためには大変なコストと労力がかかるからでしょう。陸上で簡単に掘れても、採掘地の近くで使うしかなかったのが実情ではないでしょうか。

では、なぜ使用方法が限られていた石炭を原料に、スペインでもなく、フランスでもなく、ドイツでもなく、イギリスで産業革命が起きたのでしょう。

その最大の理由は、渡部先生がおっしゃるとおり、イギリスがコークスを大々的《だいだいてき》に使い始めたことです。コークスじたいは、四世紀の中国（北魏《ほくぎ》）でも使われていたと記録に残されていますが、当時のコークスは不純物を多く含んでいたため、普及することはありませんでした。

しかし、イギリスでは、ダービー一世がそれまでの木炭からコークスによる鉄鉱石製錬《せいれん》に成功（一七〇九年）、それを息子のダービー二世が実用化（一七三五年、ダービー製鉄法）させ、産業革命の進展と共に需要が増した鉄の需要を満たしていったのです。

ダービー一世は、競馬で有名なダービー卿《きょう》とは別人ですが、競馬に代表されるように、イギリス人はギャンブル（賭《か》け事《ごと》）好きと言われています。しかし、産業革命を成功させた裏には、一種の賭け事のような精神があったのではないか、と私は推測しています。

後年《こうねん》の歴史家は、当時のイギリスは自然科学と技術の進歩が目覚《めざ》ましかった、石炭・鉄などの資源に恵まれていた、国家が重商主義を採り広大な海外市場を用意した、商工業の発達により蓄積された豊富な資本が投資先を求めていた、などとイギリスに産業革命が興《おこ》った理由を説明します。

しかし、私はそのような条件がそろっていたとしても、創意工夫する精神や「ギャンブルかもしれないが投資してみよう」と思う人がいなければ、新技術や産業は興らなかったと思うのです。

今のイギリスでもブックメーカー（賭け屋）が林立《りんりつ》しています。イギリスではブックメーカーは合法であり、国による免許制ですが、人の不幸に関すること以外はなんでも賭けの対象にしていいのです。ですから、政治でも王子の誕生でも賭けの対象にしてしまいます。

賭け事は二、三人いれば成立します。しかし、ルールを作り、何十人、何百人の人を集めれば、さらに大きな収益を得ることができます。産業革命が始まった十八世紀のイギリスに、このようなギャンブルに通じる精神が多方面に出てきたことで、たとえば証券市場が生まれ、資本が集まって新しい技術的な発明や大規模な工業化につながっていったのではないかと思うのです。

島国という利点——渡部

ワットや蒸気機関車をはじめて製作（一八一三年）したスチーブンソンなどの伝記を集めたサミュエル・スマイルズの『Self-Help（自助論）』という書物があります。これを読むと、自然科学などの実験はドイツでもフランスでも盛んに行なわれていたことがわかります。

では、なぜ蒸気機関をはじめとする多くの機械がイギリスで実用化されたのか。

それは、イギリスが地政学的に他の国々より有利だったからではないでしょうか。すなわち、大陸の国々は、隣国と戦争を行なう危険性を絶えず内包しています。そのため、陸軍の充実は不可欠で、莫大な軍事費が必要です。

ところが、イギリスは島国《しまぐに》で、他国と直接接《せつ》することなく、陸軍兵力を常備する必要はありません。沿岸防備のための海軍があればいいのです。海軍は陸軍に比べて、その人員は圧倒的に少なくてすみます。

これに対して、プロシア（ドイツ）と隣接する当時のフランスは、戦争に備えて巨額の軍事費が必要でした。そのために、産業を興したり、新しい技術を開発したりする資金が少なくなったと考えられます。

しかも、イギリスは金利が非常に安かった。時代は遡《さかのぼ》りますが、イギリスの初代首相ウォルポール（一六七六〜一七四五年）は、「ヨーロッパで年利率が3％台の国はイギリスだけだ」と自慢しています。金利が安ければ、設備投資もしやすいですから、産業も興りやすいし成長しやすいのです。

なお、『自助論』は偉人、大臣、将軍なども取り上げていますが、大部分は普通の人が、ちょっと工夫や発明をしてお金をもうけたというような話です。そして、「自分で自分を助けようとする精神こそ、その人間をいつまでもはげまし、元気づける」「自分に対して『最良の援助者』になれ」「天は自ら助くる者を助け、そういう人の多い国が富強なのだ」

などと説いています。こうして、聖書の次に売れたという本ができたのです。

その精神性は、産業革命が進行した十七世紀後半から十八世紀中頃の、進取《しんしゅ》の気概《きがい》に満ちたイギリスの気風《きふう》を端的に表わしていると思います。

なぜ、近代国家は自国周辺に植民地を持たないのか──本村

渡部先生がおっしゃる〝海賊精神〟を発揮したのかどうかわかりませんが、イギリスは最盛期のスペインと同様に、「太陽の沈まない国」と言われるほど多くの植民地を建設していきました。産業革命により資本主義が確立し、「世界の工場」となったイギリスは、大量生産される工業製品を売る市場として、また三角貿易における原料調達先として、広大な植民地が必要だったのです。

三角貿易とは、多国間貿易のひとつで、二国間で収支均衡が取れない（債務超過に陥る）場合に第三国を交えて不均衡を是正《ぜせい》するものです。イギリスの場合、ヨーロッパから武器や雑貨などをアフリカに輸出し、それと交換に得た奴隷をアメリカ大陸や西インド諸島に送り込み、そこから砂糖、綿花、タバコ、コーヒーなどの農産物をヨーロッパに売り込み

ました。

つまり、イギリスはアフリカやアメリカと直結する大西洋の海上権を握ったために、産業革命を背景とする世界一の工業立国という華々しい表《おもて》の顔と、世界最大の奴隷貿易国という裏《うら》の顔（当時としては非難されるものではありませんが）を持っていたのです。これについては、アフリカで捕獲した住民を奴隷としてロンドン、リバプール、ブリストルなどの港から、年間二五万人もアメリカに送り込んだという記録が残っています。

イギリスとローマの決定的な違いは、ローマはイタリア本土から始まり、周辺諸国を次々に隷属させながら版図を広げましたが、イギリスはヨーロッパにひとつの植民地も持っていません。自国の周囲に植民地を持たず、アメリカ、インド、オセアニアと海外に版図を広げていったため、「島国の帝国」とも言われています。

イギリスに限らず、スペインやオランダなどの国々は、ローマ時代に比べ格段に進歩した造船技術と航海術により、自国の周囲に植民地を持つ必要がなかったのです。さらに、ヨーロッパにはない貴重な香辛料や貴金属などを調達するためには、むしろ、アジアや中南米で植民地を経営したほうが、都合がよかったのでしょう。

一七七〇年代にギボンの『ローマ帝国衰亡史』が出版されると、イギリスでは知識層を中心にかなり読まれました。この本が流行《はや》った時期は、ちょうどアメリカの独立と重なるので、大英帝国衰退の兆《きざ》しを感じ取ったのかもしれません。

しかし、知人のイギリス史の専門家は、アメリカの独立などイギリスにとってはたいしたことではなかったと言うのです。というのは、アメリカが独立しても、イギリスはアメリカに銀行を持っているし、土地を失っても移住はできるというわけです。その意味では、アメリカは形のうえで独立国にはなったけれど、同じ言葉を話し、金融資本も意のままに操《あやつ》れるからイギリスに影響はないのだ、と。

しかし、それはのちの歴史家の解釈であり、アメリカが独立して植民地を失ったことは、当時のイギリス人にとってショックだったのではないかと思います。それだけ、植民地はイギリス経済にとって大きな存在だったのです。

イギリスがローマから学んだこと――渡部

しばらく時間が経つとわかる――というのも歴史の事実です。アメリカは独立しても、その後、長い間やはりイギリスの隷属国なのです。

アメリカは独立以来ずっと資本不足で、ヨーロッパ大陸の国々やイギリスの銀行からの投資を受け入れ、莫大な金利を取られていました。幕末の日本も、イギリスをはじめとするヨーロッパ資本に蹂躙《じゆうりん》されそうになりました。彼らは、幕府や敵対する薩摩《さつま》・長州《ちようしゆう》など倒幕側の列藩《れつぱん》に軍事費を貸し付けようとしました。日本人を競争させてもうけようとしたのですが、維新の元勲《げんくん》たちはその話に乗りませんでした。

イギリスは、植民地のインドに対して徹底的なディバイド・アンド・ルール（分断統治）を行ないました。イギリス人は、インド人たちを競わせて統治し、統治法を会得《えとく》したとのことですが、それを戊辰《ぼしん》戦争（一八六八〜一八六九年）当時の日本でも行なおうとしていたのでしょう。

しかし、イギリスのディバイド・アンド・ルールは、ローマの「分割して統治せよ」の物真似《ものまね》です。これはイギリスの古典教育と関係があるかもしれません。昔のイギリスでは、ローマ史を読ませていましたから。

イギリスがローマから学ばなかったこと――本村

当時のイギリス以外のヨーロッパの国々、つまりフランス、スペイン、ポルトガル、オランダ、イタリアなどはあまりローマの統治システムから学んでいないように思えます。それでも、知識層はルネサンス以降、つまり教会の力が弱くなり始めてからは勉強しています。

イタリアの外交官・思想家マキャベリ（一四六九～一五二七年）やフランスの哲学者・思想家モンテーニュ（一五三三～一五九二年）、フランスの法学者・思想家モンテスキュー（一六八九～一七五五年）などはローマ史から学ぼうという姿勢を持っていました。なかでも、マキャベリは、ローマの共和政期について『ディスコルシ（談論）』を著しています。彼の著作は『君主論』が有名ですが、力を入れて書いたのは『ディスコルシ（談論）』のほうです。

イギリス人が学ぼうとしたのはローマ史の政治と支配システムが主でしたが、そのなかから「分割して統治せよ」や行動の規範、モラルのあり方など、多くのことをローマ人から学んでいます。特に、アングロサクソン人やゲルマン人が今でも長《た》けている「情報をどのように整理して、使っていくか」は、ローマから受け継いだと言えるのではないでしょうか。後述しますが、特に、イギリスのやり方はアメリカにも受け継がれ、それは「アングロ・アメリカン帝国」と言ってもいいほど際立《きわだ》っています。

ローマ史から学んだイギリスですが、インドでは寛容の精神が欠如した人種差別を行なうなど、植民地経営に失敗します。ローマには人種差別はありませんでした。西アジアや北アフリカに分布するセム族や黒人だからといって、深刻な人種差別をローマ帝国はしませんでした。人種差別以前に、自由民と奴隷との身分的な差別があったので、人種的な差別は希薄《きはく》だったとも言えます。

イギリス人も、植民地は寛容に支配しなければいけない、ということは十分にわかっていたはずです。ところがインドでは、イギリス国王の勅許会社であり、アジア貿易の独占を認められたイギリス東インド会社が、人種差別と強圧的な支配を行なったため、一八五七年の「インド大反乱（セポイの反乱）」につながりました。

イギリスは反乱鎮圧後、イギリス東インド会社を解散させるいっぽう、のちに名宰相と謳《うた》われた首相ディズレーリ（一八〇四～一八八一年）がムガル帝国のバハードゥル・シャー二世を追放し、ヴィクトリア女王（在位・一八三七〜一九〇一年）を初代インド皇帝に据《す》えて、支配力を強めました。その後、イギリスは、インド人どうしの対立を巧妙に利用しながら統治を行ないますが、一九四七年、ついにインドの独立を許すこととなります。

ユダヤ人を貴族にしたイギリス——渡部

イギリスは、中世まではユダヤ人を迫害していましたが、スペインなどからユダヤ人の流入が進んだ十五世紀後半以降、紆余曲折を経ながらもイギリスはユダヤ人を受け入れ、一七五三年には「ユダヤ人帰化法」を成立させたことなどから（のちに廃案）、ユダヤ移民は急増しました。

イギリスは、宗教としてのユダヤ教を受け入れませんが、ユダヤ教徒がイギリスのルールを守って生活し、経済活動をするなら妨《さまた》げることはない、という寛容のスタンスでした。そして一八四一年には、ヨーロッパでユダヤ人を最初に貴族（男爵《バロン》）にしたのです。これは、カトリックへの改宗を強要し、ユダヤ人を追放したスペインと対照的です。

ユダヤ人には豊富な財力を誇る者も少なくありません。そして、イギリスではユダヤ人でも貴族になれるとなったら、世界に散らばるユダヤ人がイギリスに親近感を抱き、世界中の貴重な情報がイギリスに集まるようになるのは自然の流れです。

一八七五年、時の首相ディズレーリ（ユダヤ人）は、ユダヤ系であるイギリス・ロスチャイルド家の当主ライオネルの屋敷での会食中、「スエズ運河をエジプト政府が売りに出すらしい」との情報を得ます。ディズレーリは即座に「これは絶対に買うべきだ」と決断しますが、その時、国会は休会中で、決議も予算も獲得できません。そこで、独断でロスチャイルドから買収費用を借金するのです。

その時ロスチャイルドの「担保はなんですか」という問いに、ディズレーリは「大英帝国」と答えたというエピソードの真偽は定かではありませんが、その後、スエズ運河はイギリスにとって、インド、北アフリカ、中東への戦略上の重要拠点となり、二十世紀の二度の世界大戦でも、この運河を支配することの重要性が証明されました。

イギリス・ロスチャイルド家は一八八五年、ライオネルの息子ナサニエルの代に、ヴィクトリア女王から貴族（男爵）に叙《じょ》されています。また、二十世紀になってからも、シェル石油の祖《そ》マーカス・サミュエルというユダヤ人は、石油と火薬工業で第一次世界大戦に役立ったということで貴族（子爵《バイカウント》）に叙せられています。

その後のチャーチル（一八七四～一九六五年）も親ユダヤ主義を採り、首相在任中にもしばしばユダヤ人のパレスチナ移住を進めたがっていましたが、中東情勢を懸念《けねん》した外務大臣アンソニー・イーデン（チャーチルの次代の首相）に反対され、実行できませんでした。

イギリスが創始した「経済成長モデル」――本村

国会を開かずに、独断でスエズ運河の購入を決めたディズレーリは、とてつもない剛腕です。売りに出すのなら早く手をつけなければいけない、と判断したのでしょうが、それはディズレーリがユダヤ人だからできたのかもしれません。

もともとディズレーリはライオネル・ド・ロスチャイルドと友人関係にあり、首相就任後は、毎週のように彼の邸宅を訪れていたようです。もし、自由党のグラッドストン（一八〇九～一八九八年）がその時政権を取っていたら、できなかったかもしれません。

ユダヤ人のディズレーリが首相に上り詰めることができたのは、ディズレーリの父親がユダヤ教会の籍《せき》を離れ、息子たちをその将来のためにイギリス国教徒に改宗させたからです。

これは、計算高いユダヤ人気質を表わすエピソードとも言えますが、重要なのは渡部先生がご指摘されたように、イギリス人はユダヤ人を嫌ったのではなく、ユダヤ教だけを差別しているということです。したがって、ユダヤ人でも改宗さえすれば、社会的な制約が取り払われ、イギリス人と同等の身分が保障されたのです。

このようにして、ユダヤ人の情報や資本をも積極的に活用したイギリスの経済は、どのような経緯をたどるのでしょう。

まず、工業化がある程度の成功をおさめ、都市化と人口の成長が起こります。全体として生活水準は向上しますが、反面では貧富の格差がはっきりしてきます。そして、それまで家柄のいい土地所有者だけが貴族であったのに、資本家が社会階層の上位に伸《の》し上《あ》がります。しかし、彼らが金融を中心に動くようになると、経済の実態と金融が乖離《かいり》するバブルの繁栄期が訪れ、やがて崩壊して低迷期を迎えます。

このヴィクトリア朝期に創始された経済成長モデルは、イギリスが衰退すると、アメリカに移ります。そして、第二次世界大戦後はドイツ、日本が踏襲し、今は中国にあるということです。

つまり、世界の主要国は、イギリスの経済成長モデルを受け継いでいるだけだという面があるのです。

繁栄下における格差の拡大——渡部

植民地が増え、産業革命がなされると、王室、貴族などの上流階級はますます豊かになり、資本家は富を蓄え、その社会的地位と発言力を高めました。いっぽう、植民地貿易や新産業に携われる人はまだしも、工場労働者は劣悪な環境に置かれ、さらに工場に雇《やと》われない人間は貧困を極めました。

このように、大英帝国が史上空前の繁栄を謳歌するなか、国内では極端な格差が露呈《ろてい》してきたのです。資本家はお金持ちであることに自信を持ち、さらにお金もうけに走り、貧しい人はますます困窮《こんきゅう》の度を増していきました。

このため、中流階級のなかには、『知的生活』の著者ハマトンのように、イギリスを離れて生活費の安いフランスなどで暮らす人もいましたが、一般の庶民には不可能です。

そして、作家チャールズ・ディケンズが『オリバー・ツイスト』などの作品で描いたような貧民窟《ひんみんくつ》が出現するのです。当時発行された「パンチ（一八四一年に創刊された風刺漫画雑誌）」にも、悲惨な庶民の生活が描かれています。イギリスの貧民窟は世界的にも評判が悪く、欧米視察をした大久保利通《おおくぼとしみち》も驚いたほどです。

しかし、いくら貧民層に不満が高まっても、フランスと違い、イギリスには革命が起こる心配はありませんでした。いざとなればアメリカに移民できるために、民衆の不満が爆発することがなかったのです。

イギリスで、その改善が見られたのは二十世紀に入ってから。一九一一年、時の首相のロイド・ジョージは、健康保険と失業保険から成る「国民保険法」を成立させます。これは、鉄血《てっけつ》宰相と言われたドイツのビスマルク（一八一五～一八九八年）が社会政策として実施していた社会保険制度を手本に作られたものです。

ちなみに、繁栄の極《きょく》にあったロンドンの図書館で、経済学者・哲学者カール・マルクスが『資本論』を書いていたというのもおもしろいですね。

帝国主義者の社会政策——本村

ディズレーリの有名な言葉に、「ふたつの国民と三つの階級」があります。ふたつの国民とは富者と貧者、三つの階級とは上流階級、中流階級、労働者階級を指しています。つまり、イギリスでは貧富の差と階級格差があまりにも激しくなり、同じ国民と呼ぶのも難しくなった、ということです。

イギリスにはもともと貴族がいたし、貧しい庶民もいるけれど、産業革命はその差をますます拡大させた、しかし、国民をひとつにまとめたい、というのがディズレーリの願望でした。

そして、ディズレーリをはじめとする保守党は、社会福祉などをすこしずつ進めていきました。保守党ではいまだに「ふたつの国民をひとつにしよう」を理念にしています。

ディズレーリは帝国主義者と言われていますが、確かに、その一面を持っていましたが、国内をひとつにまとめよう、という努力も本格的に始めていました。

こうして見ていくと、ビスマルクにしろ、ディズレーリにしろ、どちらかと言えば外交的には帝国主義者、拡大主義者のようにとらえられている政治家が、国内的には保険制度や年金制度など社会福祉政策を本格的に整備しているのです。

衰退の兆候は、繁栄期にこそ見える――本村

産業革命を達成し、世界の工場として繁栄を謳歌したイギリスも、二十世紀になると衰退の度を深め、第二次世界大戦後はワン・オブ・ゼムの小さな国になってしまいます。

その主な理由として、二度にわたる世界大戦の莫大な軍事費、福祉社会を維持するための高コスト、イギリス産業の相対的な低迷、人口減少などを指摘する研究者は多いのですが、私はそれ以前からイギリスの衰退は始まっていたと思います。

歴史を眺《なが》めると、どの覇権国家も、一番繁栄している時期に、その衰退の兆《きざ》しが見えてきます。イギリスも例外ではなく、最盛期であるヴィクトリア朝末期の十九世紀末にすでに凋落の兆候が現われ、衰退の足音は聞こえていたのです。

たとえば、渡部先生の表現をお借りすれば、「戦争に勝利することで国威が発揚され、活力を生む」わけですが、イギリスでは、その活力が徐々に失われ始めていました。

というのも、イギリスは当時、実際に戦争に負けているのです。それまでのイギリス

は、アルマダの海戦でスペインを叩き、英蘭戦争でもオランダに苦戦しながらも海上覇権を奪い、大艦隊を率いて東アジアまで進出するなど、戦争で国威を発揚し続けてきました。

ところが、二度にわたるボーア戦争（一八八〇～一八八一年、一八九九～一九〇二年）では、第一次が敗北、第二次は長期化のうえ、最終的に勝利したものの多大な戦費と威信を失ったのです。

これは、イギリスじたいが植民地支配の難しさを痛切に感じたと思います。戦争に勝って繁栄を極めた国は、やがて規範やセルフコントロールの精神を失い、急な坂道を転《ころ》げ落ちるように、国力を落とすことが珍しくありません。当時のイギリスは、まさに坂の上に置かれた石だったのです。

石炭から石油への転換が、イギリス衰退の原因——渡部

イギリス衰退のもうひとつの大きな理由はエネルギーのパラダイムシフト、具体的に言えば、エネルギー源が石炭から石油に変わったことです。産業の基幹エネルギーが石油に

代わり、内燃《ないねん》機関や電気動力になると、蒸気機関で産業革命を興して世界をリードしたイギリスの優位性は基本から崩れていきました。

イギリスの内燃機関の研究は、アメリカやドイツに比べて遅れていました。石油時代が本格化すると、蒸気機関の実用化では遅れを取っていたドイツですが、世界ではじめて電車を製造した電信機製造会社のシーメンス（一八四七年設立）や、内燃機関の自動車を世界ではじめて開発したベンツ（現・ダイムラー、同一八八六年）が出現します。

また、アメリカでも、エジソンが電灯を普及させ、GE（ゼネラル・エレクトリック、同一八七八年）が登場し、ヘンリー・フォードは設立したフォード・モーター（同一九〇三年）で自動車の大量生産に成功します。

イギリスでは、ロールス・ロイス（同一九〇六年）が内燃機関を研究していましたが、ドイツやアメリカに追いつかれ、やがて、追い越されてしまいます。しかも、イギリスは石炭と異なり、石油を外国から買わなければならないという点で、国の優位性を相対的に低下させます。

つまり、石炭から石油へ、蒸気機関が内燃機関、さらに電気動力へシフトしたことで、イギリスは一挙に産業後進国になってしまうのです。このあたりは、折に触れて説明していきますが、いつの時代のどの国でも、エネルギーが政策の根幹であることはご理解いただけるでしょう。

さらに、植民地の拡大と共に、国内の製造業などが人件費の安い植民地へシフトしていきます。つまり、産業の空洞化、あるいは製造業の脱落が、イギリスから労働者の富を奪い、活力を失っていきました。

日英同盟の廃棄と太平洋の覇権――渡部

イギリスの覇権を考えるうえで、決定的な影響を与えたのは第一次世界大戦と第二次世界大戦です。本村先生のおっしゃるとおり、ヴィクトリア朝末期のイギリスは、すでに衰退期にさしかかっていたのでしょう。しかし、イギリスを決定的に衰退させたのは、第一次世界大戦と第二次世界大戦であることはまちがいありません。

第一次世界大戦でイギリスは、アメリカと協調し、アメリカの参戦を待っていれば、勝利が転がり込むと考えていました。第二次世界大戦も同様ですが、「モンロー主義（孤立主義、アメリカ大陸とヨーロッパ大陸の相互不干渉を求めた外交原則)」を貫《つらぬ》くアメリカはなかなか参戦しないうえに、日本を敵に戦わざるを得なくなったことに、イギリスの最大の誤算があるのです。

第二次世界大戦では、日本軍は当時のイギリス領であった東南アジア各国に侵攻し、イギリス軍を退却させます。その結果、世界中に民族運動が起こり、イギリスをはじめとする欧米諸国は植民地を失いました。

イギリスは香港《ホンコン》、インド、シンガポール、マレーシア、セイロン(現・スリランカ)などを、フランスはベトナム、ラオスを、オランダはインドネシアを、アメリカはフィリピンを失いました。

第二次世界大戦で、イギリスが日本と戦争をしたのは、チャーチルをはじめとする当時の政権の完全な過《あやま》ちです。日本は、アメリカにエネルギー源である石油や鉄などの資源の輸入を止められたため、資源確保に迫られ、南洋に進出したわけですが、イギリスはなぜ、アメリカと日本の〝仲立《なかだ》ち〟ができなかったのか……。

一九〇二年に調印され、日露戦争や第一次世界大戦で有効に働いた「日英同盟」は一九二三年に失効します。日本同様、イギリスも日英同盟を解消したかったわけではありません。しかし、日本との戦争を視野に入れていたアメリカにとって、日英同盟は障害以外の何物でもありません。そこで、イギリスに同盟を解消するように迫り、最終的には一九二一年、アメリカ、イギリス、フランス、日本による「四カ国条約」にしてしまうのです。

しかし、四カ国で結ばれた条約など二国間による同盟関係より、絆《きずな》が強いわけはありませんし、その目的は薄まります。また、この裏には、日本を孤立させるアメリカの思惑《おもわく》が存在していました。

このような歴史の流れについて、チャーチルは第二次世界大戦終結後、次のように語っています。

「私は、アメリカとの関係が悪くなるような外交をしないことがイギリスのもっとも大事な基本方針と心得ている。しかし、日英同盟の破棄は、英米関係を悪化させないための辛《つら》い選択だった」「日英同盟を破棄したのはまちがいだった」と。

これは個人的な体験ですが、グレートブリテン・ササカワ財団の理事として、ロンドンで食事会に招かれた時のこと、私の隣には、当時のケンブリッジ大学の副学長がおりました。私は食事をしながら、「日本は一般の国民にはあまり反英感情がなかったのに、戦争になって残念でした。日英同盟さえ壊《こわ》れなかったら……」と言いました。すると、彼は私の膝《ひざ》を叩き、「そうなんだ」と言うのです。

ですから、これは私の思い込みではなく、イギリス人にも、日本と〝仲違《なかたが》い〟をしたことをまちがいだったと感じている人がいるのです。今でも私は、シナ事変の頃に、日英関係がうまくいっていたらよかったのにと思います。そうすれば、イギリスは蔣介石《しょうかいせき》の味方をしたり、満洲独立に反対することはなかったろうと考えるのです。

チャーチルの先見性《せんけん》――本村

チャーチルは、今でも世界中で議論される、スケールの大きな政治家だと思います。私は、彼には世の中が〝見えていた〟ような気がしてなりません。

彼は、インド西北部のパシュトゥーン人の反乱の鎮圧戦（一八九七年）やスーダン侵攻（一八九八年）、第二次ボーア戦争などに従軍し、その戦争体験を『マラカンド野戦軍物語』『河畔《かはん》の戦争』（※いずれも邦訳なし）などに残しています。

チャーチルは「戦争屋」と言われますが、戦争の恐ろしさを身《み》に沁《し》みてわかっていたと思います。そして、最初の総力戦と言われるアメリカの南北戦争（一八六一〜一八六五年）や普仏《ふふつ》戦争（一八七〇〜一八七一年）から、これからの戦争はエネルギーや資源に依存し、新しい殺戮《さつりく》兵器によるとんでもない戦争になると見抜いていたと思うのです。

実際に、第一次世界大戦では戦車、飛行機、機関銃、毒ガスを用いた人類史上類《るい》を見ない悲惨な戦闘が繰り広げられました。

したがって、チャーチルは政権を取る前までの時期、軍備拡充を進めながらも、外交的にはなるべく戦争を回避する方向へ動いていたのではないかと思います。しかし、そのいっぽうで、万《まん》が一《いち》戦端が開いたら、勝たなければいけないとも考えていたと思います。その意味で、私も、イギリスの失敗は日英同盟を解消したことにあると思います。

明治以降の日本は、イギリスを一番のモデルとして国を建設してきました。イギリスもアジアの権益を守るために日本をおおいに利用するいっぽう、日露戦争に際しては、好意的中立を装《よそお》いながらも、情報活動やロシア艦隊への妨害工作をしてくれました。

イギリス人と会話をすると、あまり余計なことは言わずに必要なことは簡潔に説明してくれたりしますが、そのようなところが日本人の感性に合っていたので、納二〇年間も同盟関係が続いたのではないでしょうか。

近代史の流れのなかで、そしてイギリス衰退を考えるうえで、日英同盟の失効はきわめて大きいと思います。

中流が増えると、国力は衰える——本村

世界史には「辺境革命論」という理論があります。これは、覇権を唱える国があると、周囲の国々は、その国にしばらく従っているが、そのうち力を蓄えて台頭あるいは反抗するということです。

オリエントの辺境ギリシアが発展すると、その周辺にあるローマが台頭・発展し、さらに地中海の周辺に位置するスペインやフランスなどのヨーロッパ勢がその後の主導権を握り、その後、ヨーロッパのなかでも辺境にあったイギリスが、近代になると主導権を握った、という流れです。したがって、イギリスが十九世紀に繁栄していた時も、周りの国は虎視眈々《こしたんたん》と、自分たちが繁栄する機会を狙っていたのです。

さらに、イギリスが主導権を握れば、その周囲のドイツやヨーロッパ大陸の周辺にあたるアメリカが国力を伸張させる。また、戦後の日本の繁栄が終わると、その周囲の中国やインドが台頭するといった図式です。これが辺境革命論です。

したがって、イギリスの衰退もこの理論に則《そく》しています。衰退理由はさまざまでも、周囲の国々の努力があれば、衰退するのもやむをえないということでしょう。

その衰退理由は、複数の原因が絡《から》まっていますが、ヴィクトリア朝期のイギリスは、繁栄すると共に都市化して、ロンドンの人口が急激に増えました。国が繁栄すると人口は都市に集中し、中流階級（中間層）が増えるのです。しかし、貴族と庶民がはっきり分かれていた時代と違って、中間層が増える時代を経験した国は、最終的に活力をなくしていくというのが私の印象です。

日本でも、最近の若い人たちは、その言葉すら知らないかもしれませんが、一九七〇、八〇年代には「一億総中流」と言われた時代がありました。振り返ってみれば、一九五〇年代前半から一九七三年の第一次オイルショックまでの高度経済成長時代に、日本国民に中流意識が芽生え、その後、一九九一年のバブル崩壊を期に、国力は停滞から衰退に向かっていきました。

社会的活力という観点から見ると、中流階級が増えた時点で国力はピークを迎えている、と言ってもいいでしょう。

多くの移民を受け入れたイギリス——渡部

イギリスは戦後、むやみに多くの外国人（移民）を受け入れすぎました。これも衰退に拍車をかけた一因です。

イギリスの二〇一一年の国勢調査によれば、ロンドン市の人口に占める白人の割合は、一〇年前のそれと比較して13％も下落して45％となり、はじめて50％を切りました。この間、市の総人口は一〇〇万人近く増加しています。外国生まれの住民が急増しているのです。

外国人および移民の受け入れには、そのメリットと同時に難しさもあります。二〇〇六年のロンドン旅客機爆破テロ未遂事件では、逮捕された犯人の多くがイギリス在住のパキスタン系イギリス人であったことに、イギリス国民は衝撃を受けました。

もちろん、テロは一部の極端な例ではありますが、異なった習慣や価値観を持った人たちを多く受け入れることは、そう簡単ではありません。

また、移民を受け入れるとすぐに衰退するというわけではなく、移民の人数にもよるのです。かつて、イギリスに人種差別によりユダヤ人が逃げてきたり、宗教弾圧を受けた「ユグノー（フランスのカルバン派プロテスタント）」が渡って来たりしても、それほど多いわけではありませんでした。しかし、近年のイギリスには、職を求めてやって来る移民が多くなっています。

移民の受け入れには適正規模がある――本村

移民を受け入れるにしても、適正規模があると思います。ギリシアよりローマが繁栄した理由は、積極的に移民や征服した属州の市民にも市民権を与えたことだと思います。

いっぽう、ギリシアでは、彼らに市民権を与えないため、国民は一定以上に増えず、そのためアレクサンドロス大王の帝国やローマなどの大国に飲み込まれてしまうのです。ギリシア衰退の原因のひとつには、そのような側面も見てとれます。

ローマは二一二年、カラカラ帝がアントニヌス勅法により、全自由民に市民権を与えています。しかし、これは与えすぎて本来のローマがなくなってしまった、という見方があり、ローマ衰退の原因ととらえる説もあります。ですから、移民の受け入れにはプラスの面とマイナスの面があり、その〝さじ加減〟は非常に難しく、まちがえるとそのまま衰退につながりかねないのです。

一般的に、その時代に生きている人々の多くは、保守的に、そのままの状態をなるべく続けていきたいと思っています。そこに、別の文化や習慣を持つ異人種が入ってくれば、社会的になんらかの変化が現われるのは当然です。その意味からも、外国人あるいは移民を受け入れるのは、難しい問題だと思います。

イギリスは、第二次世界大戦の〝敗戦国〟――渡部

イギリス衰退の理由はさまざまですが、歴史的な事実としては第一次世界大戦、第二次世界大戦が終わり、さらにスエズ運河を失いアメリカの優位性を示した第二次中東戦争（スエズ動乱、一九五六～一九五七年）で、完璧に「パクス・ブリタニカ（イギリスの平和）」

は終焉しました。

しかし、海戦で敗れた国が発展することはない——マハンの説に従うなら、第二次世界大戦における、マレー沖海戦（一九四一年）やセイロン沖海戦（一九四二年）がそれに当たるでしょう。

イギリスの東洋艦隊は、日本海軍の航空戦隊に敗北を喫《きっ》し、戦艦プリンス・オブ・ウェールズや巡洋戦艦レパルスが撃沈されました。この戦いは「海戦」と言われていますが、日本は戦闘機や爆撃機など飛行機のみの参加であり、イギリスにしてみれば、アルマダの海戦以来のロイヤルネイビーとしての自信を失い、ショックを受けたのではないでしょうか。セイロン沖海戦では、日本の艦船の被害はゼロなのに、イギリス側はドイツ海軍最大・最新鋭の戦艦ビスマルクを沈めた重巡洋艦や空母も沈められているのです。チャーチルは、日本の海軍航空隊のようなものはドイツにはなかったという主旨のことを述べています。

イギリスは、ヨーロッパ戦線でもドイツに勝ったとは言えません。英仏連合軍は、ドイツ軍の電撃作戦の前に後退を続け、パリを失いました。イギリス本国でも、一九四〇年から一九四一年にかけてロンドンが大空襲を受け、四万人以上の民間人が亡くなっていますし、マンチェスター、リバプール、バーミンガムなどの多くの都市が焼き払われています。

一九四一年、大量の兵員と軍需物資を備えたアメリカが参戦したことにより、イギリスは連合国として勝利を収めましたが、一対一の戦争ではドイツに負けたと言ってよいでしょう。その結果、アジアにおける橋頭堡《きょうとうほ》を失い、植民地の独立戦争を招きます。何よりも、第二次世界大戦後のイギリスの国力の疲弊は明らかでした。

この章では大英帝国の盛衰を振り返ってきましたが、次章ではイギリスの覇権を受け継いだ、現代の覇権国家アメリカを見ていきます。

第四章 アメリカ

――実験国家、人工国家の活力

アメリカは実験国家であり、人工国家——本村

それでは、この章からアメリカについて、対談を進めたいと思います。ここまで述べてきたように、スペインは植民地経営、オランダは海上貿易、イギリスは植民地経営および産業で世界に覇を唱えたとすれば、アメリカの覇権は何を源泉としているのでしょうか。

その前にアメリカという国家とは何か、世界史的に見た場合、アメリカはどのような位置づけになるか、を考えてみたいと思います。

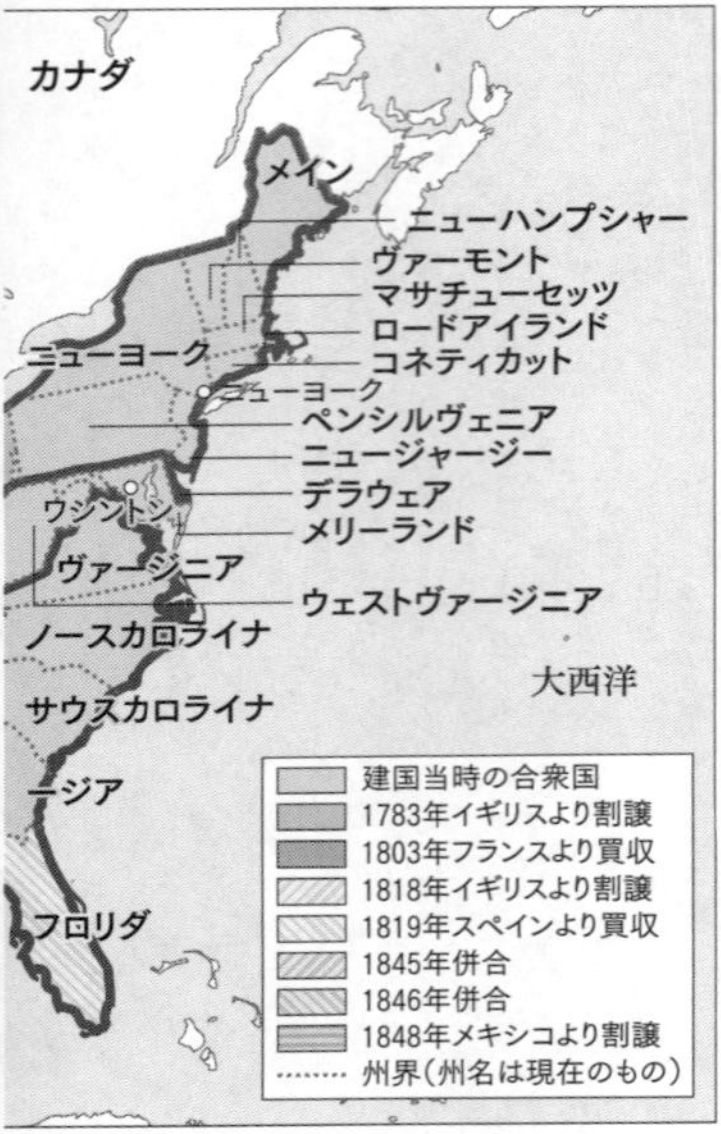

アメリカは、イギリスからの移民を中心に建設されました。古代ローマは周囲の国々を征服して版図を広げたわけですが、アメリカはイギリスの植民地から始まっています。その後、プロテスタントの精神、フロンティア精神、デモクラシーなどを柱として独立戦争（一七七五～一七八三年）や南北戦争

アメリカ合衆国の領土拡張

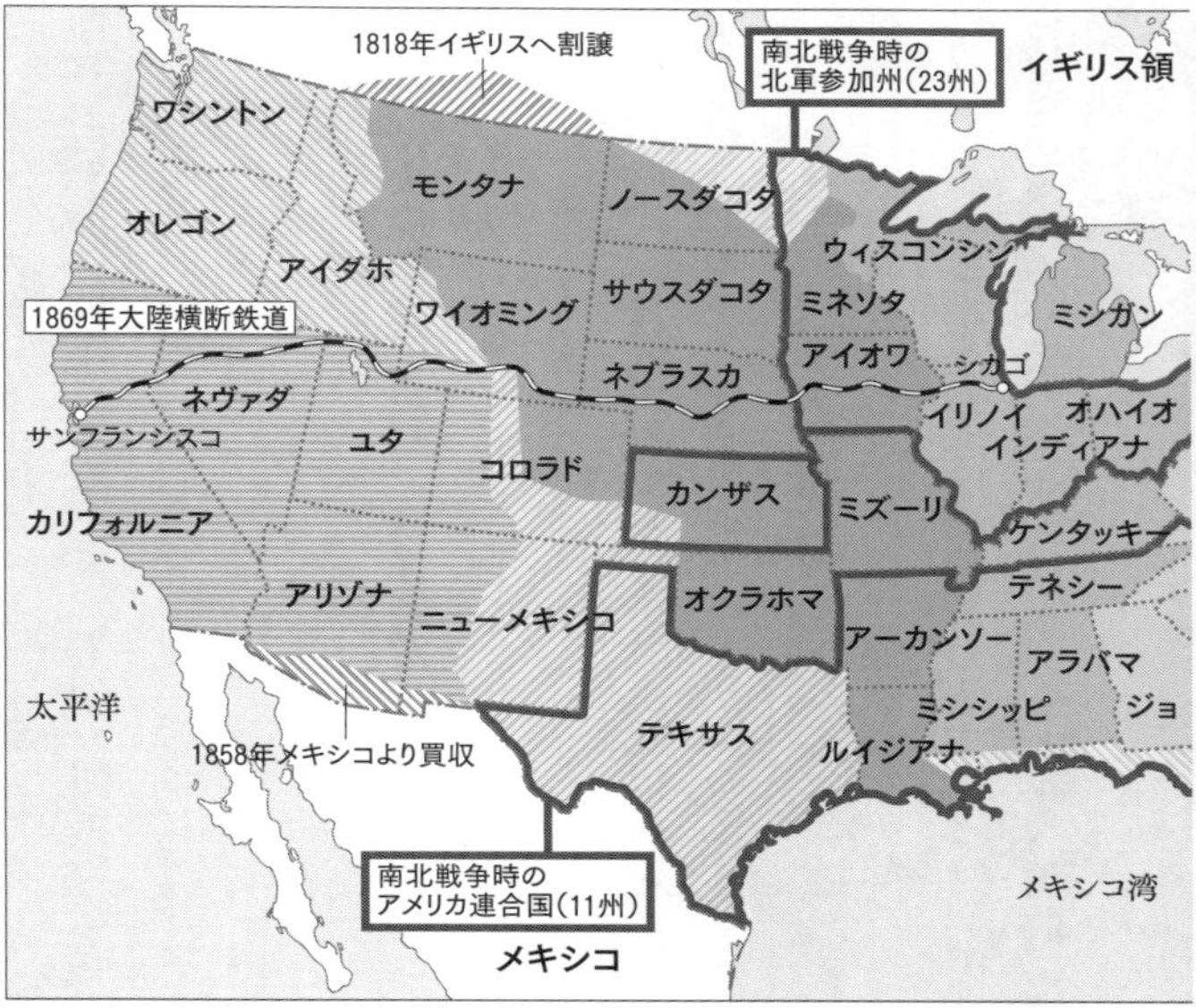

を戦い、空前の繁栄を獲得します。

十九世紀後半から二十世紀初頭まで植民地を持たなかったアメリカは、周辺諸国を次々に属州化していったローマや広大な植民地を有《ゆう》したスペイン・イギリスとはまったく違う構造をしています。つまり歴史的に見て、過去の大帝国とは、その成立条件が異なるのです。その意味では、アメリカは歴史上はじめて出現した「実験国家」と言ってもいいでしょう。

また、アメリカを「人工国家」とする見方もあります。アジア、ヨーロッパなど多くの国では、古代から現代に至るまで、王朝や国家の建設・滅亡が繰り返されてきました。しかし、アメリカはそれらとは異なり、人為的に建国された一種の人工の国家でもあるのです。

アメリカは大陸国家であり、海洋国家——渡部

私のアメリカに対する位置づけは、「大陸国家」にして「海洋国家」、「陸軍国」であり「海軍国」——です。

西部開拓時代、先住民をアパラチア山脈以西に追いやった騎兵隊は陸軍ですから、陸軍国であるわけですが、建国段階でイギリスの系統を受け継いでいますから、ロイヤルネイビーの精神も持っていたはずです。

ただし、その精神がどれだけ受け継がれたかと言えば、疑問を持たざるを得ません。アメリカは、戦争で敵を徹底的に殺戮《さつりく》します。どうも敵味方をはっきりさせなければ気がすまないところがあるようです。日本だったら、勇敢に戦った先住民の族長《ぞくちょう》は、新しくで

きた州や町の名誉ガバナー（知事）とか名誉市長にしたと思うのです。ところがアメリカ人は「善悪の二元論」で考える傾向が強く、敵はすべて悪者にしてしまいます。

アメリカはローマを模範に国家建設をしても、ローマの寛容の精神は学んでいないということでしょう。

これは、二十世紀初頭イギリスのジャーナリスト、セシル・チェスタトン（作家G・K・チェスタトンの弟）が言ったことですが、「アメリカには中世がない」と。

建国当初のアメリカは、ローマやギリシアの影響を強く受け、奴隷制度も復活させます。しかし、そこにヨーロッパの中世に発生した騎士道の影響を見ることはできません。イギリス人にしてみれば、アメリカにはヨーロッパの伝統的武勇、忠誠、敬虔《けいけん》などの概念が希薄と映ったのかもしれません。

なぜ、クレマンソーは「アメリカは野蛮《やばん》」と言ったのか——本村

「アメリカは歴史上、文明という段階を経ずに、野蛮から堕落へと走っていった唯一の国だ」。これは、二十世紀初頭のフランスの首相ジョルジュ・クレマンソーの有名な言葉で

す。フランス人から見れば、アメリカは文明のない野蛮国に映ったのでしょう。

アメリカが野蛮かどうか、そこには諸説あるでしょうし、歴史の浅い国ですから当然と言えば当然ですが、古い文化遺産や文明は確かにありません。

私は、四〇歳の頃から三、四回アメリカに行ったことがありますが、ローマやギリシアのように文化的に惹《ひ》かれるものがあまりありません。若い時なら、ニューヨークの街を歩き、斬新な芸術作品や実験的なイベントに触れてわくわくしたかもしれませんが、当時の私の興味を惹くものはありませんでした。

アメリカは文明という段階を経ずして、野蛮から堕落へと走っていったというクレマンソーの言葉は、何を意味しているのでしょうか。

そのひとつは、奴隷制を指していることは明らかです。世界史的に見て奴隷制が存在したのは、古代のギリシア・ローマと近代のアメリカだけです。それ以外では小規模で存在していますが、大規模に発展したことはありません。なぜ、近代になってアメリカで奴隷制が復活したのか、逆に言えばなぜ奴隷制が必要だったのか。

そこには、アメリカの「大規模農法（プランテーション）」が関係しています。奴隷制はアメリカ東海岸にイギリス人が入植した直後に始まったとされ、その後、南部、西部へ領土を拡大するなかで、奴隷は増加していきました。新しい土地を開拓すれば、大規模農園を経営するために奴隷を増やす、というのはローマと同じ図式です。

なぜローマに奴隷制が生まれたのかと言えば、征服戦争で多くの属州を獲得したため、土地と労働力（戦争捕虜）が結びついた結果です。それに対してアメリカは、領土の拡大にともない、戦争捕虜の代わりにアフリカなど外地から奴隷を求めました。

十九世紀の段階で、ヨーロッパには奴隷制がなくなっていました。したがって、当時のヨーロッパ人からアメリカの奴隷制を見れば、非常に奇異で野蛮な世界に映ったのだと思います。

近代機械工業とアメリカの幸運——渡部

要するに、アメリカは元来、中世を軽蔑する人々が建設した国家なのです。

イギリスからメイフラワー号に乗って移民してきたピルグリム・ファーザーズはプロテスタントのピューリタンで、もっとも過激な反カトリックのカルバン派です。ヨーロッパの奴隷制はカトリックの時代になくなったのですから、プロテスタントの子孫には関係ない、と思ったのかもしれません。

もちろん、それ以上に、まともな農耕機械などない時代に、きわめて広大で肥沃《ひよく》な土地の生産性を上げるためにはどうしても労働力が必要だった、という切実な理由があるのはまちがいありません。

しかし、十九世紀になると機械文明がどんどん進み、奴隷の必要性はなくなります。このように考えると、アメリカが幸運だったのは、自然科学および近代機械工業の黎明《れいめい》期に国ができたことでしょう。その後、耕運機械を開発し、鉄道を敷設《ふせつ》し、二十世紀には自動車を走らせる——といったことは、五〇〇年前に移民していたらできなかったでしょう。

アメリカを隆盛させたのは、戦争と戦争経済——渡部

では、現代の覇権国家アメリカは、何をきっかけに隆盛したのでしょう。

それは、言うまでもなく戦争です。なにしろ、アメリカは一七七六年の建国以来、戦争に負けたことがありません（ベトナム戦争については後述）。建国前のフレンチ・インディ

アン戦争に勝ち、イギリスとの独立戦争や米英戦争（一八一二〜一八一四年）に勝ち、南北戦争でも、現在のアメリカ政府に連《つら》なる北軍が勝ちました。

また、今から一〇〇年前に始まった第一次世界大戦では、連合国（大英帝国、フランス共和国、ロシア帝国、イタリア王国、大日本帝国など）の一員として、中央同盟国（ドイツ帝国、オーストリア＝ハンガリー帝国、オスマン帝国など）に勝利を収め、第二次世界大戦では連合国（イギリス連邦、フランス共和国、ソビエト連邦、中華民国）として参戦し、枢軸《すうじく》国（ナチス・ドイツ、大日本帝国、イタリア王国、フィンランドなど）に勝利しています。

第二次世界大戦前のアメリカは、不況にあえいでいました。しかし、戦争が始まり、国家の投資が製造業に向かうと、景気は急上昇しました。さらに、武器を使えば使うほど、製造業が潤《うるお》い、景気はさらに上向くというスパイラル現象が起こります。そして、膨大な軍事費を背景に、圧倒的なパワーで勝利を収めたのです。

第二次世界大戦の勝利国はアメリカ、イギリス、フランス、ソ連、中国とされますが、イギリスとフランスに対する評価はマチマチです。結果的に、戦勝国にはなったものの、ドイツや日本の攻撃で痛手を受け、植民地のほとんどを失いました。

また、中国も厳密には戦勝国とは言えません。終戦時のシナ大陸には、中国軍に戦闘で勝利していた一〇〇万人もの日本軍がおり、南京《ナンキン》での降伏文書調印後に引き揚げてきたのです。ソ連も、のちに核爆弾を開発するなど、軍事的脅威を世界に与えましたが、経済的には戦後、壊滅的な損害を受けた日本に追い抜かれ、停滞しました。

つまり、この戦争はアメリカの独《ひと》り勝《が》ちであり、世界唯一の超大国としての地位をアメリカにもたらしたのです。

戦後のアメリカは、まさに天国でした。ケネディ大統領（第三十五代、在任・一九六一〜一九六三年）が暗殺されるまでの約二〇年間は、治安も良く、家庭には電化製品が溢《あふ》れ、国民のほとんどが自由と豊かさを享受した平和な時代を築き上げたのです。

これは、豊富な資源を持つ国が、戦争を行なうといかに豊かになるか、という証明です。資源がない国は、いくら工業を興しても、資源を外国から輸入しなければならず、外貨が流出し、インフレを招きます。

戦前のアメリカは最大の産油国（戦後は輸入国）であり、戦争中は重工業をはじめとする製造業の無限の需要に沸《わ》き返りました。このため、われわれが想像できないほど、もうかったのです。これが、現在まで続く「パクス・アメリカーナ（アメリカの平和）」の礎《いしずえ》になったことはまちがいありません。

覇権国家の基盤は、やはり軍事力です。現代でも、アメリカの圧倒的な軍事力は誰もが認めています。だからこそ、まだアメリカは世界のリーダーとしてふるまえるのです。「覇権は軍事力にあり」は、現代でも揺るがない真理です。

突出した軍事力が支える平和――本村

アメリカの覇権を支える源泉は突出した軍事力にあることはまちがいありません。なにしろ、世界の軍事費支出の40％以上をアメリカ一国が占め、核兵器はもちろん、ハイテク兵器、宇宙開発技術を背景にした陸海空三軍と海兵隊の戦力は他国の追随を許しません。

古代ローマがパクス・ロマーナという平和の時代を築けたのも、圧倒的な軍事力が背景でしたが、アメリカの覇権も軍事力が支えています。

作家塩野七生《しおのななみ》さんは二〇一三年、『皇帝フリードリッヒ二世の生涯』を出版されました。そのなかに、次の件《くだり》が出てきます。

ローマ教皇にエルサレム奪還を命令された神聖ローマ帝国のフリードリヒ二世（在位・一二二〇〜一二五〇年）は、十字軍を編成し、イスラム諸国と戦いますが、やがてイスラム側のスルタンであるアル＝カーミルと一〇年間の休戦協定を締結後、聖地エルサレムはキリスト教側に戻ってきました。もちろん、イスラム側には大きな不満があるわけですが、この協定はおたがいの圧倒的な軍事力を背景に成立したのです。

私はこのエピソードを引用しながら、「平和は軍事力がバックにあるから成り立つ。これは歴史を通じて、明らかである。少なくともあと五〇〇年、人間がもうすこし賢《かしこ》くなれば軍事力がなくても、平和が維持できる時代が来るかもしれないが、現時点ではまだ軍事力がなければ、本当の平和など構築できない」と産経新聞に書きました。

すると、「非武装中立」を旗印《はたじるし》に掲げた人たちに非難されました。しかし、私は「武装中立」ならまだしも、「非武装中立」は二十一世紀の現段階では困難で、平和を担保するだけの軍事力は必要だと思います。

日本が憲法第九条第二項を堅持《けんじ》し、軍事力を持たないのなら、アメリカに守ってもらわなければなりません。しかし、アメリカとの同盟はもちろん、守ってもらう必要もない、と言う人もいるようです。それは、世界的にはものすごく奇異に映るはずです。

日米中《にちべいちゅう》の海軍力を比較する――渡部

非武装中立などは、おっしゃるとおり戯言《たわごと》です。国の平和は、一国で担保しなくても、同盟で担保していけばいいのです。それが、昔とおおいに違うところだと思います。

日本が強くなって、アメリカと組めば無敵です。アメリカだけでナンバーワンである必要はありません。日本と一緒になってナンバーワンになるのが、アメリカの軍事にとっても一番いいのではないでしょうか。

近年、中国が航空母艦（空母）をロシアから一隻（遼寧《りようねい》）購入した、さらに二隻を国内で建造中などと言われていますが、現時点では、中国には空母に着艦できるパイロットは五人しかいないし、その氏名までアメリカ軍はわかっているのです。これでは、仮にアメリカ太平洋艦隊と中国海軍が戦っても勝敗は明らかでしょう。

翻《ひるがえ》れば、今から七〇年も前に、日本とアメリカは、空母を集めた機動部隊で、軍事作戦を展開する能力を持っていました。そして、史上最大の機動部隊どうしの海戦であるマリアナ沖海戦、総トン数や海域も含め現代に至るまで史上最大の海戦と言われるレイテ沖海戦など、大海戦を繰り広げたのです。

当時、ソ連にもドイツにも空母はなく、イギリスは複数の空母から成る機動部隊は編成していませんでした。

つまり、相対的な海軍力は日米がダントツだったのです。第二次世界大戦以後、日本とアメリカが死力を尽くしたような海戦は世界的にもありません。ですから、両国が手を結べば、戦力はもちろん海戦経験を含めた海軍力は世界最強なのです。

中国が盛んに海洋進出を狙い、東南アジア諸国や日本とトラブルを引き起こしていますが、実際に日米連合軍と海上で衝突すれば、勝ち目がないことは中国が一番わかっているのではないでしょうか。

しかし、オバマ大統領（第四十四代、在任・二〇〇九年〜）は、中国との貿易のことが念頭にあるからでしょうが、中国への態度があやふやです。政権の外交力が弱まりつつある現在、日本や東南アジア諸国は中国と問題を起こしてほしくない、という後ろ向きのスタンスが見え隠れします。

ただし、アメリカの統合参謀本部は、中国の軍事力を背景にした領土拡張は断《だん》じて許さない、というスタンスです。つまり、政府の外交を担う国務省と軍事を担う国防総省（ペンタゴン）の間でベクトルが異なるように思えますし、両者の間に亀裂が入りかけているという感じさえします。

これをアメリカ史から見ると、国防総省の発想はアメリカを建国し、独立戦争を戦った人たちの思想に近いように感じますが、オバマ大統領にはそれが感じられません。ご存知のように、オバマ大統領はアメリカ史上初のアフリカ系の大統領です。また、国家安全保障問題を担当するスーザン・ライス大統領補佐官もアフリカ系です。

その発想は、どうも今までのアメリカ大統領とはどこかが違うと感じるのは私だけでしようか。

ローマとアメリカに共通する二二〇年は偶然か――本村

オバマ大統領は、初代大統領ジョージ・ワシントン（在任・一七八九～一七九七年）の大統領就任からちょうど二二〇年後に大統領に就任しました。

ローマに、アフリカ属州出身で異民族の皇帝セプティミウス・セウェルス（在位・一九三〜二一一年）が登場するのも、初代皇帝アウグストゥスから数えてちょうど二二〇年後です。

セウェルス朝の創始者であるセプティミウス・セウェルス帝は、内乱を治め、数々の戦いに勝利し、ローマの版図をチグリス川沿岸まで拡大します。しかし、内政では元老院議員や親衛隊の粛清など強圧的な政策を採り、度重《たびかさ》なる遠征によりローマ市民は重税に苦しみました。

これ以後、ローマは軍人皇帝時代を経て、混乱の時代を迎え、通貨危機、傭兵の反乱、市民生活の疲弊など、さまざまな経験をしながら、やがて衰退の道をたどり、最終的に西ローマ帝国の滅亡につながっていくのです。

オバマ大統領とセプティミウス・セウェルス帝のケースは単なるスパンの偶然かもしれませんが、人間の意識として、異民族がトップに立つことに対する違和感が減少するまで、ローマ人もアメリカ人も同じ年数が必要だったと言えるのではないでしょうか。

歴史は繰り返すと言われます。まったく同じことが繰り返されるわけではありませんが、時代を隔《へだ》てて、同じようなパターンはよく出現します。奇《く》しくもアメリカとローマに異民族のトップが二二〇〇年後に現われたのは、アメリカの行《ゆ》く末《すえ》を含めて興味深い事実だと思います。

ふたつの世界大戦とアメリカ——本村

軍事力もその重要な要素ですが、やはり、経済力を持つ国が覇権国家となります。パクス・アメリカーナを支えているのも経済力です。

しかし、アメリカは建国以来、順調に経済成長を続けたわけではありません。「史上最初の国際恐慌」とされ、一八七三年のウィーン証券取引所のパニックから一八九六年まで続いた「大不況」の影響で、経済低迷を経験しています。

この時代は、イギリスが世界の覇権を握るなか、いっぽうのアメリカは十九世紀末の「鉄道狂時代」と言われる鉄道敷設ブームにより、莫大な対外債務を抱えていたため、大きな打撃を受けたのです。

しかし、スペインとの米西《べいせい》戦争（一八九八年）やフィリピンとの米比《べいひ》戦争（一八九九〜一九一三年）などを経て、国力は徐々に上向き、第一次世界大戦では対外債務を一掃し、債務国から世界最大の債権国へと転化します。

第一次世界大戦が勃発した当初、アメリカは孤立主義とも呼ばれる「モンロー主義」を採っていたため戦争には参加せず、大戦当該国《とうがい》に物資を輸出したり、イギリスやフランスに多額の軍事費を貸し付けたりして（戦債の購入）、莫大な利益を上げていました。

このため、アメリカが一九一七年にドイツに宣戦布告し、連合国側の一員として参戦したのは、ドイツ潜水艦による無差別攻撃により自国船が被害を受けたため、と世界史的には理解されていますが、そのいっぽうで、イギリスやフランスが敗れると貸し付けた戦費が回収できなくなるから、とも言われています。

ともあれ、アメリカは他のヨーロッパ諸国と異なり、本土が戦場になったわけではありません。そのため、アメリカの工業は戦時中には軍需景気に沸《わ》き、さらに、戦後は自動車やラジオなどの新技術を獲得し、経済は飛躍的に発展しました。それと共に、世界経済の中心は疲弊したヨーロッパからアメリカに移行し、金融市場の中心もロンドンのシティからニューヨークのウォール街に移りました。

このため空前の好景気が到来したアメリカの一九二〇年代は、「黄金の二〇年代」「狂騒の二〇年代」などと呼ばれ、作家F・スコット・フィッツジェラルドの『グレート・ギャッツビー』に見られるような享楽的な生活も出現しました。

このように、アメリカの経済は戦争により立ち直り、さらに世界最大の経済大国として台頭しました。つまり、アメリカの覇権を支える礎《いしずえ》となったのは、戦争経済だったのです。

しかし、「永遠の繁栄」と言われた時代も、工業生産の急落、商業・貿易の不振、企業倒産、失業率の増大などにより、一九二九年の「世界恐慌」に襲われるのは周知のとおりです。

その後、フランクリン・ルーズベルト大統領（第三十二代、在任・一九三三〜一九四五年）の経済復興政策「ニューディール政策」が実施されます。この政策による経済復興の効果は限られていましたが、当時台頭し始めたファシズムからアメリカの民主主義を守り、国民の不安を軽減したという大きな意義がありました。

さらに、ルーズベルトは通貨（ドル）を軸に経済圏を作り、他国の商品を除外するブロック経済を推進します。この政策はやがて第二次世界大戦へつながる布石となりますが、第二次世界大戦によりアメリカの重工業はさらに隆盛し、世界で唯一の覇権国家となるのです。

世界恐慌を深刻化させた「スムート・ホーリー法」——渡部

世界恐慌の原因は、さまざまな経済理論で説明されます。しかし、より深刻化させたのは、スムート下院議員とホーリー上院議員のふたりの働きかけにより、一九三〇年に成立した「スムート・ホーリー法」が原因である、と考える学者が多いようです。

この法律は、第一次世界大戦後、イギリス、フランス、ドイツへの輸出が低迷していたアメリカが、なんと約二万品目の関税を平均50%も引き上げるという滅茶苦茶なものでした。それは自由貿易に反するうえに、ヨーロッパ諸国に大打撃を与えます。各国はその報復措置として、アメリカ製品に対し高い関税をかけ、貿易が停滞、世界恐慌が深刻化したのです。

フーヴァー大統領（第三十一代、在任・一九二九〜一九三三年）は、一九三一年にヨーロッパ諸国の債務支払いを一年猶予《ゆうよ》する「フーヴァー・モラトリアム」を発表し、経済の安定化を図りますが、時《とき》すでに遅《おそ》し、世界恐慌は長期化していきました。

世界恐慌の影響をもっとも受けたのが日本です。明治以来長らく輸出品の第一位であり、一九三〇年当時、全輸出の30〜40%を占めていた生糸の輸出が激減し、日本経済は危機的状況に陥りました。特に、生糸の主な輸出先はアメリカでしたから、アメリカ発の恐慌や法律に大きく左右されたのです。

その後、ブロック経済を採るアメリカは、最終的に石油や鉄の日本への禁輸を行ない、日本は資源獲得のために戦争へと踏み切ったのです。

現在、先進国で輸出・輸入の依存度がもっとも低いのはアメリカ（輸出9・9%、輸入14・9%）、次が日本（輸出13・4%、輸入14・8%）です（IMF「International Financial Statistics Yearbook 2013」より）。日本は内需型の経済であり、これで石油や天然ガスを買わなくてよくなれば、ものすごく豊かになるのです。

基軸通貨国の大きなメリット――本村

二十世紀前半に起こったふたつの世界大戦による経済の発展により、アメリカは世界の超覇権国家となりました。そして、そのアメリカ経済を支えるのがドルという基軸通貨です。これが、今でもアメリカの最大の強みになっているのです。

基軸通貨のメリットは、簡単に言えば決済《けっさい》力と信用力です。覇権国家が覇権国家たりえる条件は富の蓄積です。そして経済で求心力を発揮すると、世界の国々が貿易の決済などでドルを使わざるを得なくなるのです。

それを端的に表わすのが、一九四四年に連合国四五カ国が参加し、戦後の国際通貨体制と経済復興の枠組みを定めた「ブレトン・ウッズ協定（正式名称・連合国通貨金融会議最終議定書）」です。

この会議では、通貨の安定を目的として、ドルを世界の基軸通貨とし、金《きん》一オンスを三五ドルと定め（金本位制）、ドルに対し各国通貨の交換比率を定めました（固定相場制）。その際に設立されたのが、国際通貨基金（ＩＭＦ＝International Monetary Fund）と国際復興開発銀行（ＩＢＲＤ＝International Bank for Reconstruction and Development）です。

金本位制とは、貴金属である金《きん》を通貨価値の基準とする制度で、政府は発行した紙幣と同額の金を常時保管し、金と紙幣との兌換《だかん》を保証するものです。近代以降、最初に金本位制を取り入れたのは一八一六年のイギリスで、その後、ヨーロッパ各国も順次移行し、十九世紀末には国際的に確立していました。

しかし、第一次世界大戦勃発後、各国は金本位制を中止し、金の裏づけを持たずに各国で通貨の発行量を定める「通貨管理制度」に移行します。その後、一九一九年のアメリカを皮切りに、各国が金本位制に復帰したのですが、世界大恐慌の混乱を経て、一九三七年にはすべての国が金本位制から離脱し、そのまま第二次世界大戦へとなだれ込みます。

これらの反省を踏まえて、協議されたのが前述のブレトン・ウッズ協定だったのです。このブレトン・ウッズ体制（金・ドル本位制、ＩＭＦ体制）の背景には当時、全世界の70％以上、二万二〇〇〇トンというアメリカの莫大な金保有量があり、基軸通貨ドルの信用力を担保していました。

しかし、戦争の被害を被《こうむ》った西ヨーロッパ諸国が復興して経済的な実力をつけ、世界の貿易量が拡大してドルの流通量が増加すると、アメリカの金の準備量が不足してきます。そこで、ニクソン大統領（第三十七代、在任・一九六九～一九七四年）は、一九七一年にドルと金の兌換を停止してしまいます。これが、いわゆる「ニクソン・ショック」です。

本来、金との兌換を停止した通貨の信用力は薄れます。しかし、それ以降も、そして現在でも、ドルが基軸通貨として君臨する理由はアメリカの圧倒的な経済力です。金の準備量は自《おの》ずと限界があるが、アメリカの経済力は無限だ、と世界の国々は思っているのです。

アメリカにとっても、こんなに楽で得な話はありません。金とドルがリンクしていた頃はその保有量までしか紙幣を刷れませんでしたが、金から離れたとたん、いくら刷ってもいいことになったとも言えるのです。

アメリカの特殊な中央銀行制度――渡部

ドルが金本位制から離れても、信用力が落ちなかった理由をもうひとつ指摘したいと思います。それは、紙幣を刷るのはアメリカ政府ではないということです。

日本の紙幣は、中央銀行（紙幣・通貨の発行権を持つ銀行のなかの銀行）である「日本銀行」が発行し、紙幣には「日本銀行券」と書かれています。しかし、アメリカのドル紙幣には「Federal Reserve Note（連邦準備券）」と印刷されています。これは、何を意味するのでしょうか。

アメリカの中央銀行制度は連邦準備制度（FRS＝Federal Reserve System）と言い、その中枢機関が連邦準備制度理事会（FRB＝Federal Reserve Board）です。ちなみに、連邦準備制度理事会は、大統領に対して政府機関のなかでもっとも強い独立性を持ち、世界経済への影響力が大きいため、同議長はアメリカで「大統領に次ぐ権力者」とも言われています。二十一世紀以降、その職にはアラン・グリーンスパン、ベン・バーナンキ、ジャネット・イエレンが就《つ》いています。

そして、連邦準備制度により設立された銀行が連邦準備銀行（FRB＝Federal Reserve Bank）です。アメリカの紙幣は、ニューヨーク連邦準備銀行、サンフランシスコ連邦準備銀行など全国十二地区に一行ずつある、この連邦準備銀行が個々に刷っているのです。

この連邦準備銀行の特徴は、日本政府がその株式を55％以上保有する日本銀行とは異なり、アメリカ政府は株式を保有せず、多くの株式を国際金融資本が所有する私立銀行群である点です。

ドル紙幣の発行はアメリカ政府が決めますが、その時にアメリカ政府は新たに刷る紙幣に見合った額の国債を発行し、連邦準備銀行が国債を引き受ける形で、紙幣を刷るのです。連邦準備銀行は国債の利子を受け取れるのでもうかりますし、その利益は配当という形で国際金融資本に還流されます。

結局、アメリカが大量の紙幣を発行すればするほど国際金融資本がもうかる——。その傾向が顕著になり、激しくなっているのが現代です。その意味で、金融の世界は非常に早い時期からグローバル化が進み、ヒトよりもカネのほうが先に国境を越えてしまった、と言えるでしょう。

グローバル化は無国籍の金融集団である国際金融資本の意思、と私は解釈していますが、アメリカはそれに乗っかっているにすぎません。二〇〇八年の投資銀行リーマン・ブラザーズの破綻から始まるリーマン・ショック後、アメリカは紙幣の発行量を二〜三倍に増やしました。それは、とりもなおさず、国際金融資本の膨大な利益につながりました。

金本位制から離脱し、さらに最近の経済低迷にあえいだドルは一見弱くなったように思えますが、その基軸通貨としての権威は揺らいでいません。それは、ドルのバックに存在する国際金融資本の信用力と権威によるものなのです。

現在、世界の貿易の決済はドル建《だ》てが一般的です。たとえば、日本円で石油を買いたいと言っても、基軸通貨であるドルでないと売ってくれません。これをユーロ建て、元《げん》建てにしようという動きがありましたが、いずれも失敗しました。

かつて、イラク戦争（二〇〇三年）で敗れたサダム・フセインも、石油取引をユーロ建てにしようとしましたが、失敗します。それは、アメリカの覇権への挑戦だと受け止められたのでしょう。

アメリカ人の精神性から見た隆盛の理由——渡部

建国以来、アメリカは一部の時代を除き、いつもパワフルで、理想に向かって邁進《まいしん》してきた印象を私は持っています。その活力はいったいどこから来るのか。

それは、アメリカ建国から現在に至るまで、さまざまなアイデアと、その躊躇《ちゅうちょ》なき実践にあったのではないでしょうか。

極端な話、江戸時代の日本では新しいものを考えることじたいが罪でした。一七八五年、岡山藩の表具《ひょうぐ》職人浮田幸吉《うきたこうきち》は、鳥が空を飛ぶメカニズムを研究し、飛行実験をしましたが、世間を騒がせたとして、所払《ところばらい》になってしまいます。

しかし、一九〇三年に世界初の有人動力飛行に成功したライト兄弟は、アメリカでは英雄です。アメリカでは、直接人を傷つけるものでなければ、どんなに新しいことを発想しても、実践してもかまいません。その束縛《そくばく》のない、進取の精神に満ちた環境こそ、活力につながり、一定のルールの下《もと》、競争原理が働くのです。

その最《さい》たるものが「アメリカン・ドリーム」でしょう。どんな職業でも、また、たとえ貧しくとも、アメリカン・ドリームを持ち、成功や豊かさを求めます。そして、誰かが成功しても、羨《うらや》んではいけない、というおおらかな精神も併《あわ》せ持っています。この飽《あ》くなき向上心とおおらかさが、アメリカを隆盛に導いたひとつの要因だと思います。

アメリカにあって、ヨーロッパにないもの――本村

一八五三年、ペリー提督が日本に来航した時、アメリカの鍋《なべ》や釜《かま》をはじめとする生活用品を数多く持ち込み、日本の庶民に見せたことがあるそうです。その時、ペリーにしてみれば、「どうだ、わが国ではこのように便利なものがあるのだぞ」と優越感にひたっていたのかもしれません。

しかし、日本の武士・町民は興味を隠すことなく、熱心に観察し、道具のしくみや使い方をしつこいぐらい尋《たず》ねたそうです。

ペリーは、その著作『ペリー提督日本遠征記』のなかで、「日本人には読み書きが普及していて、見聞《けんぶん》を得ることに熱心である」「このような識字率《しきじ》の高さと知識欲を持っていれば、一世代もすると、アメリカは日本に負けるのではないか」と書いています。

江戸時代の庶民の知識欲や好奇心はもともと旺盛《おうせい》だったのですが、知ることを〝お上《かみ》〟から抑圧されていたのです。しかし、新しいものは秩序を破壊する――という認識と拒絶は、日本のみならず、前近代社会では総じて共通しています。

たとえば、中世末期のドイツで起こったマルティン・ルターの宗教改革は、守旧派とも

言えるローマ教皇レオ十世がサン・ピエトロ大聖堂建築のために売り出していた贖宥状《しょくゆうじょう》（免罪符）を徹底的に批判し、「九十五カ条の論題」を発表したことから始まります。ルターは結局、教皇に破門《はもん》されますが、現在まで続くプロテスタントという宗派を確立しました。

また、中世まではカトリックだったフランスでも、カトリックとプロテスタントによる三〇年以上にも及ぶユグノー戦争（一五六二〜一五九八年）があり、最終的には、大幅な信教の自由を与えました。

このように、保守的な中世までの国家にとって、新しい思想や宗教は、国家の根幹を揺るがすもの、ととらえられたのです。

しかし、プロテスタントにより建国されたアメリカ国民は、当然ながら保守的な体制や思想を受け入れません。それより、新しい秩序や体制を希求していたのです。

その結果、君主や領主ではなく国民の代表による議会主導の「民主主義」、一定のルールに従えば権力の容喙《ようかい》を受けない「自由主義」、勤勉に働き、富を蓄積することは善であるとする「資本主義」が根づき、アメリカの活力を高めたのではないかと思います。

アメリカの覇権を支えた技術力——渡部

イギリスは、石炭が基幹エネルギーだった時代の先進国でした。蒸気機関の技術的な優位の下《もと》、産業革命で国力を増強させましたが、基幹エネルギーが石炭から石油に代わり、内燃機関や電気動力になると、ドイツやアメリカに技術的に追い越されたことは前章で説明しました。

エネルギーのパラダイムシフトと共に、アメリカの最大の強みとなったのは、ヘンリー・フォードが開発した自動車T型フォードに代表される大量生産システムの構築です。これにより、ヨーロッパでは貴族の乗り物だった当時の自動車は、アメリカでは大衆の乗り物になりました。これは大量生産システムの導入により、安価になったことが最大の要因ですが、アメリカの広大な国土も自動車の普及に大きく関与しています。

内燃機関とその技術はその後、軍事産業に転用され、第一次世界大戦は完全に内燃機関の戦争になりました。アメリカは軍艦、飛行機、戦車などの性能を飛躍的に高め、アメリカの重工業はさらに発展していきます。

第二次世界大戦の末期、追いつめられた日本に対し、アメリカは海を覆《おお》い尽くすほどの軍艦や雲霞《うんか》のごとき大群で飛翔《ひしょう》する戦闘機を見せつけました。これはいち早く内燃機関に着目し、大量生産方式を確立したアメリカだからこそ可能だったのです。

戦前のアメリカは世界最大の産油国です。さらに、広大な国土では熟練した労働力よりも、効率のよい機械が歓迎されます。そこで、アメリカは潤沢な石油を背景に、農業用・建設用機械などを次から次に発明し、量産体制に入ります。

イギリスでは一八一〇年代、機械の普及は労働者の権利を阻害するとして、「ラッダイト運動（機械破壊運動）」が起こりましたが、技術革新のメリットを享受していたアメリカではそのような運動は起こりません。これでは、イギリスとアメリカの技術力の差が拡大するのは当然でしょう。

いっぽう、日本もなかなか石炭から石油に切り替えられませんでした。日本は、石炭は採掘できますが、石油はほとんどありません。また、戦前、その工業技術は欧米に比ぶべくもなく、飛行機や艦船を作る肝心《かんじん》の工作機械は、ほとんど輸入に頼っていました。

たとえば、飛行機のエンジンなどに使われる鋼球《こうきゅう》は真球《しんきゅう》（完全な球体）に近いものを作らないと、熱がこもって回らなくなるのですが、その技術を日本は持っていませんでした。そのため、戦前に輸入したドイツ製やアメリカ製の工作機械で鋼球を作っており、飛行機の急激な増産など、できるはずがなかったのです。

アメリカでは、便利な技術を開発すると、その新製品を惜《お》しみなく使うのですが、日本人には贅沢《ぜいたく》感があります。たとえば、日本では飛行機は普通の人の乗り物ではないと思われていた時代に、アメリカでは農民が種蒔《たねま》きに使っていました。それくらい、技術を使う背景や国の広さが違うのです。

しかし、日本は、技術の質じたいはけっして低かったわけではありません。戦前に「航研機《こうけんき》」という東大の航空研究所が作った飛行機がありました。この飛行機は一九三八年、周回航続距離と平均速度のふたつの世界記録を樹立しています。

その後製造された零戦《ゼロせん》(零式《れいしき》艦上戦闘機)も、当時の戦闘機としては最優秀でした。しかし、さきほどの工作機械に加え、鉄やジュラルミン(アルミニウム合金)などの資源がないため、なかなか増産できないのです。資源がない国は、どうしても国家社会主義的にならないと重工業製品の生産が続けられません。

ところが、資源がいくらでもあるアメリカは、国家社会主義にする必要がないどころか、民間の創造力を新しい技術の開発に向かわせることができます。これが大きいのです。つまり、アメリカは民間の力を借りて、戦闘機や軍艦などの軍需品を大量に生産する力を持っていたのです。

アメリカの政治システムの強みは何か──本村

アメリカのもうひとつの強みとして、政治システムが挙げられます。アメリカの政治システムの大きな特徴は、抽象的に言えば、近代からしか始まっていないということです。アメリカは、前近代の歴史を持たずに出発した二三〇年ほどの国家ですが、そのなかでどのような形で民主主義が根づいていったのか──これはアメリカ史のなかでも大きなテーマのひとつです。

おそらく、現代のアメリカ人には、「民主主義は俺たちが正当で、イギリスやヨーロッパの民主主義はいびつである」という意識があるはずです。アメリカでは、イギリスの歴史と文化に関する教育はほとんどありません。そのために、英米両国が〝似たものどうし〟であることに気づかないアメリカ国民が多いと言います。むしろ、英語を母国語としない人々がアングロ・サクソン的なアメリカに気づいています。

さらに、十九世紀のフランスの政治家・思想家トックビルは、古典的名著とされる『アメリカの民主政治』のなかで、アメリカの政治システムについて、次のように述べています。

「世論による専制政治、多数派による暴政、知的自由の欠如などといった形で悪化する可能性がある。そして、その行き着く先は、経済の破綻と腐敗した世論の形成により、混乱の時代が待ち受けている」。

この予測がのちに実証されたことに異存はないでしょう。ちなみに、彼は米ソ冷戦の一〇〇年以上も前に、両国がライバルの超大国として台頭することも予測しました。

しかし、二十世紀にアメリカが飛躍し、超大国になったのは事実です。ここには、リベラリズムと社会自由主義を政治信条に掲げる民主党（一八二八年結党）と、自由主義、保守主義などを掲げる共和党（同一八五四年）の二大政党制の定着が寄与しています。実際に、二十世紀以降のすべての大統領はこのふたつの政党の出身です。

日本人の感覚から言えば、ルーズベルト、トルーマン（第三十三代大統領）、ケネディ、ジョンソン（同三十六代）、カーター（同三十九代）、クリントン（同四十二代）、オバマと続く民主党は平和的路線を選択する政党であり、アイゼンハワー（同三十四代）、ニクソン、フォード（同三十八代）、レーガン（同四十代）、ジョージ・H・W・ブッシュ（同四十一代）、ジョージ・W・ブッシュ（同四十三代）を輩出した共和党は、冷戦期に積極的な軍拡を行ない、その後、湾岸戦争、ソマリア内戦、コソボ紛争、アフガニスタン侵攻、イラク戦争など数々の紛争・戦争を繰り返す好戦的な政党ととらえがちです。

しかし、日米開戦時の大統領はルーズベルトであり、広島、長崎に原爆投下を指示したのは、同じく民主党のトルーマンであることを忘れてはいけません。

つまり、アメリカの二大政党は、政治信条や思想的なスタンスが異なることがあっても、その時々の国益に沿った政治的選択をしてきたのです。ここに、中世を持たず、宗教や世俗的な慣習など一定の価値観に縛《しば》られることのない、アメリカの政治システムの強さを感じるのです。

ここが、日本の二大政党である自民党と民主党との違いではなかろうかと思います。

アメリカは〝皆《みな》の衆《しゅう》〟の国——渡部

確かに、近代的な共和国はアメリカが最初です。そして、フランス革命後に成立したフランスの共和制は、アメリカの政治制度から大きな影響を受けています。

一七七八年、フランスは当時敵対していたイギリスを牽制《けんせい》するため、アメリカ独立戦争に参戦します。ご存知のように、この戦争はアメリカ・フランス側が勝利し、アメリカは独立をはたします。その後、アメリカの君主がいない政体におおいに啓蒙されたフランス将兵たちは、帰還後一〇年も経たずに革命へと向かい、共和制国家が成立したのです。

歴史上、共和制以前の戦争は、王や皇帝がするものでした。民衆は兵士になることはあっても、戦争の勝ち負けなどあまり関係ありません。もちろん、自分たちの王が負ければ、さまざまな弊害が及ぶ危険もあるので、応援する気は持っていたでしょう。

しかし、共和国が戦争をする場合、それは国民の戦争になります。アメリカが建国以来、ほとんどの戦争に敗れていないのは、いざ戦争が起きれば、すべてのアメリカ人は、自分たちの戦争である、という強い気持ちを持って戦ったからではないでしょうか。

アメリカでは、子どもの時から国旗に忠誠を誓《ちか》わせ、団結心を固めるために、幼稚園や学校で「I pledge allegiance to the flag of the United States of America...（私はアメリカ合衆国国旗に忠誠を誓う）」と述べさせます。それはやはり、自然国家でなく人工的に建設された国家であり、「自分たちの国だ」という意識が強いからです。

日本人は、リンカーン（第十六代大統領、在任・一八六一～一八六五年）のゲティスバーグの演説「...government of the people, by the people, for the people...」を「人民《じんみん》の、人民による、人民のための政治」と訳しました。「people」という単語に「人民」という言葉を当てたわけですが、これは、一種の誤訳です。なぜなら、アメリカに人民はいません。君主がいる国には人民がいますが、アメリカには君主がいないから人民もいないのです。

そこで、私はpeopleを「人民」ではなく、「皆《みな》の衆《しゅう》」と訳してみました。すると、「皆の衆の、皆の衆による、皆の衆のための政治」となります。「人民」という言葉では、指導者と民衆とのはっきりした境目《さかいめ》ができますが、「皆の衆」ならば大統領と国民に階級差はありません。皆の衆、つまり自分たちの国だから、子どもたちに愛国心を養っているのです。

アメリカとの外交交渉の際は、この意識が大切です。日本人は、両国の外務大臣が交渉すれば成功すると思っていますが、実は、アメリカ政府と話し合ってもあまり意味がありません。それより、皆の衆の集まりであり、最終決定権者である議会で何が議論されているか、どのように動いているかを判断しなければうまくいきません。

これは、古くは第一次世界大戦後の国際連盟の成立（ウィルソン第二十八代大統領が設立を提唱しながらも、議会の反対で加盟せず）を、最近でもTPP（Trans-Pacific Partnership、環太平洋パートナーシップ協定）交渉を見てみればあきらかでしょう。このことを教えてくださったのは、外交評論家（元・駐タイ大使）岡崎久彦《おかざきひさひこ》さんですが、岡崎さんも現役外交官の頃はなかなかわからなかったそうです。

ローマ人が発明した「祖国」という概念――本村

確かに、ケネディの演説を聞いても、最初に「My fellow Americans」と呼びかけます。これは「わが同志アメリカ人」と言っているわけで、大統領も一般市民も同じ仲間という意識がありますね。

ところで、前近代で共和政国家として成功したのが、帝国になる前の共和政ローマとヴェネチア共和国です。

ローマの国体《こくたい》を表わす「S・P・Q・R」という言葉は、「Senatus Populusque Romanus（セナトゥス・ポピュルスクェ・ロマーヌス）」の略称で、直訳すればローマの（Romanus）元老院（Senatus）と国民（Populusque）であり、国の主権者を意味しています。

帝政期のローマは、皇帝という絶対君主によって独裁が行なわれていたというイメージがあるかもしれませんが、実は帝政期になっても、ローマは基本的に共和政という建前を守っていました。

ですから、正式な皇帝になるには元老院で認められることが必要でしたし、どんなに皇帝が絶対的な権力を誇った時代でも、「S・P・Q・R」に「皇帝［Imperator（インペラトル）］」を意味する「I」が入ることもありませんでした。それだけ、権力者の独裁を嫌い、自分たちの国であるという意識が強かったのです。

私は「祖国」という概念の発明者はローマだと思っています。それまでの国家は君主が君臨し、民衆はあくまでも被支配民でした。ローマも、元老院貴族と民衆の間の身分の差はあったり、のちに皇帝が出現したりしますが、「祖国」という意識を最初に強く持つようになったのは古代のローマ人だと思います。

だからこそ、自分たちの国は自分で守るという意識が強く、兵士（市民）の士気は高く、あれだけ版図を広げられたのだと思います。カエサルも、自分の兵士たちに呼びかける時、「戦友諸君」と言っていました。そして近代において、もっともそれを意識しているのはアメリカ人であり、皆の衆もとい国民が国家の発展を支えてきたと思うのです。

アメリカの衰退は始まっている――本村

覇権国家は興隆、繁栄、衰退という流れを取り、歴史はそれを連綿と繰り返してきました。では、現代の覇権国家アメリカはどうか、がここからのテーマです。

私は、アメリカの衰退はすでに始まっていると見ています。

それは、一九二九年の世界恐慌がひとつの契機かもしれませんし、一九六三年から始まるベトナム戦争もそのひとつでしょう。また、冷戦勝利後、対抗勢力がなくなったアメリカのあまりにも独善的なふるまいがイスラム系の反発を招き、二〇〇一年の9・11テロが起こり、アメリカの威信が失墜《しっつい》したという指摘もあります。

なにしろ、アメリカが外国勢との戦いで、本土、それも中心都市を攻撃されたことは建国以来ありません。それが、テロという形であれ、ニューヨークの二棟の超高層ビルが破壊され、国内外の多くの死傷者を出したことは、アメリカの凋落を世界中に知らしめようとした反米勢力の象徴的な事件だったのではないでしょうか。

それでも、経済的にはなんとか賄《まかな》ってきましたが、二〇〇八年にリーマン・ショックが起こります。これにより、アメリカの経済、金融の信頼も失われているのが現状でしょう。

つまり、今のアメリカは、覇権を支える軍事力、経済力が世界中から疑問視されているわけです。もちろん、アメリカの軍事力は今でも突出していますが、戦争で勝ち切るだけの財政的基盤が揺らいでいるということです。これでは、覇権など保てるわけもありません。

古代に覇を唱えたアレクサンドロス大王の帝国、さらにモンゴル帝国はかなり短期間に崩壊しました。しかし、アメリカは建国二三〇年と言っても、しっかりと基盤を築いており、一気に凋落することはないでしょう。ですから、私は「終わりの始まり」という表現が一番いいのではないかと思います。

ベトナム戦争後、何が変わったのか――渡部

アメリカは衰退し始めた、というご意見に異論はありません。私は、アメリカが衰退し始めた直接的な因子はベトナム戦争であると指摘したいと思います。

この戦争は、アメリカ人に大きな影響を与えました。アメリカ人にとって、負けなかったというより、〝東南アジアの小国〟に勝てなかったことが大きいのです。北部ベトナムで爆撃（北爆《ほくばく》）が始まった当初、爆撃機B52で絨毯《じゅうたん》爆撃をすれば、いとも簡単に降伏するはずだ、とアメリカ人の誰もが考えていたはずです。しかし、ホー・チ・ミン（一八九〇～一九六九年）率いる北ベトナム（ベトナム民主共和国）軍は降伏しませんでした。

この事実は、アメリカ建国以来の理念や価値観を根底から覆《くつがえ》すものでした。このため、ベトナム戦争の末期になり、戦況の先行《さきゆ》きが見えなくなった頃から、市民の生活の秩

序が乱れ、治安も悪くなります。各地で、ヒッピー、フラワーチルドレンなどと言われた学生たちが騒ぎ始め、「エスタブリッシュメント（既得権階層）に従うな」というスローガンが流行《はや》りだしました。

東部の名門大学を卒業した一部の人たちが、アメリカ政権の政策決定に大きく関与していたため、ベトナム戦争をしている連中はエスタブリッシュメントだ、エスタブリッシュメントは「悪」だ——というイメージが広がっていったのです。

しかし、これはアメリカの基本的なルールを崩すものです。そのため、社会的な秩序に混乱が生《しょう》じ、治安が悪化したのです。

ベトナム戦争以後も、アメリカはアフガニスタン紛争、イラク戦争などに介入しますが、いずれも長期化する前に終わらせようとします（それでも泥沼化し、長期化していますが）。ベトナム戦争後、アメリカの戦争のスタイルが変わってきたのか、勝ち切ることができなくなったのか、おそらく両方でしょうが、アメリカの軍事力が絶対ではなくなったことは確かです。

本村先生も私も、一九六〇年代までのアメリカの〝古き良き時代〟を知っています。ですから単純に言えば、どう考えても今は衰退期に入ったと言わざるを得ません。

衰退の始まりをどの時代に置くかということは難しいのですが、象徴的にはケネディ大統領暗殺（一九六三年）に置くこともあるでしょうし、ニクソン大統領による金本位制からの離脱に置くこともあるのでしょう。

ふたつのアメリカ――渡部

アメリカの覇権が揺らぎ、絶対的なナンバーワンから相対的なナンバーワンになると、中国やロシアとのパワーバランスに変化が生《しょう》じてきます。その意味では、アメリカおよびアメリカと同盟を結ぶ日本にとって、このままパクス・アメリカーナを維持するために、今後もアメリカがナンバーワン軍事国家である必要があります。

私の青年時代までは、ナショナリズムは最高の美徳でした。それが、今は愚《おろ》かしくもナショナリズムとナチズムが混同されて、あたかも、ナショナリズムは悪だと否定するメディアもあります。しかし、中国のようにあからさまに軍事力を押し出して、周辺諸国を圧迫するような国家に対応するためには、愛国心と軍事力は必要不可欠です。

それと共に、経済・金融面で確固たる優位性を築かなければなりません。これは、再三述べてきたとおり、軍事力と経済力は覇権を支える両輪だからです。

しかし、今のアメリカには、ふたつのアメリカが存在しています。そのひとつは軍事力を背景とする国防総省、もうひとつは経済力を握っている国際金融資本です。

この双頭《そうとう》の鷲《わし》とも言えるふたつの権力は、将来的にどちらが主導権を握るのか、はては分裂するのかわかりませんが、もし将来的に各国が核兵器を持つようになれば戦争は無意味になり、国際金融資本の権力がますます強大になっていくのではないかと想像されます。

以前は、国境を越えるファイナンスを行なう場合、さまざまな規制や制限がありました。ところが、一九九三年に発足したEU（European Union、欧州連合）は規制を外《はず》し、経済上の国境をなくしてしまいましたし、現在交渉中のTPPも、その方向に進もうとしています。

この動きはまだ始まったばかりですから、今後どのように進展していくかわかりませんが、強いと思われていたアメリカが一〇〇年後、二〇〇年後に消滅し、国籍のない国際金融資本が一番実権を握っていたなどということが起こるかもしれません。

国境がない時代の国民——本村

アメリカが太平洋に進出し始めた頃、日本は戊辰戦争から明治維新という非常にドラスティックに変革した時代を経験しました。そして、明治政府による廃藩置県《はいはんちけん》（一八七一年）や廃刀令《はいとうれい》（一八七六年）などにより、藩主、武士という存在が消えていきます。

つまり、鎌倉時代から七〇〇年以上続いてきた日本のヒエラルキーの頂点に立っていた武士の権力は突然、明治政府により潰《つぶ》されてしまいました。新しい時代の価値観に照らし合わせれば、それもしかたなかったのでしょう。

翻《ひるがえ》って現代の日本は、集団的自衛権を含めた憲法改定問題に揺れています。事《こと》の善悪はともかくとして、価値観の変化に国民はとまどっているというのが現状です。われわれの生きる単位を考えると、せいぜい孫子《まごこ》の時代の五〇年ほど先までしか考えられません。しかし、今われわれは、一〇〇年、二〇〇年先を見据えた確かな価値観を考えていかなければならないのではないでしょうか。

そうでないと、価値観を否定された明治時代の武士のような憂《う》き目《め》を見たり、世界的な潮流に押し流されたりして、渡部先生のおっしゃる国際金融資本の言うがままになってしまう可能性も出てきます。

現在、アメリカの信用力を担保している国際金融資本は、アメリカの強みである半面、アメリカの覇権を根底から覆《くつがえ》す力を持っているのかもしれません。つまり、アメリカの弱みでもあるのです。

著名なユダヤ系投資家ジョージ・ソロスは自らを「国境なき政治家」と称し、別の投資家は「やがて世界は国境がなくなっていくだろう。そこに現われるのは、むき出しの生活者、消費者である」と言います。

国境を低くする、関税をなくす、規制をなくす、能力主義――これらはまったく悪いことではないのですが、しかし、よく考えると、すべて彼らの利益になることです。国境を越えて、消費者を取り込むことができますから。

産業空洞化と国家の衰退——渡部

アメリカの衰退を実感するのは、アメリカの製造業の弱体化です。

私がフルブライト招聘《しょうへい》教授を終えて、アメリカから帰国した一九六九年、GEの冷房機と当時日本にはなかった製氷機がついた大型冷蔵庫を購入しましたが、今に至るまで、一度も故障していません。あの頃のアメリカは、製造してから四〇年以上も動き続ける高品質な製品を作っていたのです。

まさに、アメリカ製造業の黄金時代であり、多様で高品質な電化製品に囲まれたアメリカ人の生活は、日本人にはうらやましいかぎりでした。

現在、GEは存続していますが、電機メーカーというより、金融事業を含むコングロマリット（複合企業）のイメージを強く受けます。

また、ヘンリー・フォードが開発した大量生産システム以来、アメリカの自動車産業、特にビッグスリーと呼ばれたGM（ゼネラルモーターズ）、フォード・モーター、クライスラーは圧倒的存在感を誇っていました。しかし、GMは二〇〇九年の経営破綻後に国有化され、クライスラーは経営破綻後の二〇一四年にイタリアのフィアットの子会社になってしまいました。

このように、かつて輝いていた「メイド・イン・USA」は、一九八〇年代以降、急速に陰《かげ》りを見せています。製造業の国外フライト、つまり、国外で製品を作るほうが労働賃金は安い――これがグローバル化です。

その恩恵を受けているのは、経営者および経営者にお金を貸している人たちです。損をするのは製造工場が自分の国にあれば、そこで働くはずだった国民です。このように、国家が産業を失えば、一般国民に不幸が訪れ、生活水準も下がることはしごく当然の成り行《なりゆ》きです。

それは今、日本でも起こり始めています。かつて最高品質を誇り、世界中から認められていた「メイド・イン・ジャパン」は、もはや絶滅危惧《きぐ》種になりかけています。ユニクロは安くて高品質な衣料を作り、多くの消費者を獲得して利益を上げていますが、そのタグには「メイド・イン・チャイナ」「メイド・イン・バングラデシュ」などと印刷されています。もうけているのは商品を開発したユニクロとその製造国だけで、日本国内の製造業で働くべき人たちは〝置いてけぼり〟です。

日本の重工業はかろうじて国内にとどまっているようですが、やがて国外に出ていく可能性が指摘されています。

私は、就業人口の多い製造業を自国にとどめなければ、国の衰退につながると確信しています。金融業の活況により、イギリスやアメリカの景気が回復しても、それは一部の富裕層がお金を蓄えただけであり、イギリスやアメリカの失業率が減っているわけではありません。イギリスは、ビッグバンでロンドンの金融界は栄えても、製造業の実力が低下してワン・オブ・ゼムの国に凋落しました。同様に、アメリカも製造業の国外流出により、イギリスと同じ道をたどっていると思うのです。

ところで、最近、アメリカの〝皆の衆〟に変化が出てきたと感じています。二〇一一年、「Occupy Wall Street（ウォール街を占拠せよ）」をスローガンにしたデモ活動がそれです。彼らは、自分たちはMain street（大通り）の人間だが、今や「We are the 99%」であるとして、1%の富裕層との格差とその拡大に憤《いきどお》ったのです。

二〇一二年、アメリカでは上位1%と99%の格差は過去最大となり、総世帯所得の19・3%を上位1%が占めているそうです（カリフォルニア大学バークレー校エマヌエル・サエス教授「突然金持ちに――アメリカにおける高額所得者の誕生」より)。

このような対立は、今までのアメリカにはありませんでした。個々の工場の経営者と労働者の係争はありましたが、ウォール街に代表される富裕層と一般国民の格差が争いになったことはありません。

リーマン・ショック後、連邦準備銀行は紙幣を二~三倍刷ることで危機を回避し、景気は回復したように見えますが、別に一般国民の収入が増えたわけではなく、失業率もなかなか下がりません。

では、増えた紙幣はどこにいったのか。それは、大実業家や金融業者のポケットです。これほど、わかりやすい話はありません。アメリカン・ドリームの成功者を羨《うらや》むより祝福してきたアメリカ人も、貧富の格差がここまで大きくなると、寛容ではいられなくなったのです。

アメリカ内部の変質――本村

そろそろ、アメリカをまとめましょう。

ここまでのお話では、私も渡部先生も、今のアメリカを「終わりの始まり」ととらえています。しかし、完全に終わったわけでないとすれば、今後のアメリカをどのようなイメージでとらえればいいのか、考えてみたいと思います。

前近代を持たないということに加え、その広い領土を活用するために、アメリカ人は非常に合理的かつプラグマティック（実用的）に考え、行動するという特性があります。しかし、そのアメリカ人ですら、精神的な拠《よ》りどころ、言い換えれば国家のアイデンティティを求めます。

それが星条旗《せいじょうき》（国旗であり、国歌でもある）と宗教であるプロテスタントです。アメリカの学校の教室には、必ず星条旗が置いてありますし、大統領は就任式で必ず聖書に手を置いて宣誓《せんせい》します。

プロテスタントのなかでも福音派《ふくいんは》は、神が人間をつくったとして進化論を認めないなど、非常に原理的です。アメリカでは、大統領選のひとつの争点に妊娠中絶の是非《ぜひ》があり、大統領候補はイエスかノーかを必ず明言します。それだけ、宗教が大きな役割をはたしているのです。

現在、アメリカの人口構成でもっとも伸びているのがヒスパニック系（ラテンアメリカ出身者を主とするスペイン語を話す人々）で、二〇一〇年国勢調査によると、アメリカ人口の16・3％を占めており、五〇〇〇万人を超え、アフリカ系を抜いています。また、アジア系も増えており、最近のアメリカでは英語を話せない人が増えています。

このような状況のなかで、これからの国家のアイデンティティをどこに置くのか、それが移民国家アメリカにとって、国家の根幹に関わる非常に大きな問題になると思うのです。アメリカの中心をなすのは「アングロ・アメリカ」勢力と言える人々であり、彼らが自由資本主義経済を率いて三〇〇年にわたって勝利者であり続けました。しかし、そこにも大きな揺らぎが起こっているようです。

アメリカの「外部」である国際関係は今後、周囲の状況、特に中国やロシアとの関係で大きく変化するでしょう。では、アイデンティティや宗教などの「内部」はどう変化するのか、その動静を注意深く見守る必要があります。

WASP《ワスプ》の凋落《ちょうらく》が示すもの──渡部

前近代を持たないアメリカは、王政や帝政という〝しがらみ〟に縛られないぶん、自由な発想や新しい制度に対して、違和感や嫌悪感を持っていません。そして、未踏《みとう》の土地を開拓していく「フロンティア精神」を養ったのです。

アメリカに最初に移民してきたピューリタンは本当に勤勉で優秀だったと思います。それは、マックス・ウェーバーが言うように、勤労の精神に溢《あふ》れていた人たちでした。彼らは「WASP《ワスプ》（White Anglo-Saxon Protestant、プロテスタントを信じるアングロサクソン系の白人）」と言われ、その後にアメリカの独立宣言やアメリカ憲法を創案した人たちは皆、彼らの子孫です。

それが、今、大統領と大統領を取り巻く中心人物がアフリカ系です。また、アメリカの最上級の裁判所である連邦最高裁判所の長官一人、判事八人のうち、カトリック教徒などが六人、ユダヤ教徒が三人で、WASPはひとりもいません。これはWASPが三権《さんけん》（立法＝連邦議会・司法＝連邦裁判所・行政＝大統領）機関の大半を占めていた二十世紀末までには考えられないことです。

つまり、建国当初からアメリカを支えたWASPの力が相対的に減弱し、さらに彼らが培《つちか》ったフロンティア精神が弱体化すると共に、国家の活力を奪っているような気がします。

本村先生はアメリカのアイデンティティが希薄になっていると話されましたが、私も同感です。それは〝強いアメリカ〟を希求する人が少なくなっているとも理解できます。そうであれば、アメリカが将来的に世界の覇権を唱えることは難しいでしょう。

さて、ここまでアメリカの興隆、隆盛、衰退を見てきました。現代の覇権国家アメリカは、内部にさまざまな問題を孕《はら》んでいます。次章では、直近《ちょっきん》の台頭が目立つ中国について言及したいと思います。

第五章

中国

——覇権国家になりうるか

中国という国家の本質――渡部

最近の中国の著《いちじる》しい経済成長と軍備の拡張により、アメリカや日本から「中国脅威論」が出てきました。この章では、今後の中国がこのまま覇権国家の道をたどるのか、それとも衰退の道を歩み始めるのか、議論を進めたいと思います。

まず、中国という国家の本質をどのように見るかということですが、それは、イギリスの東洋学者レジナルド・ジョンストンが著した『紫禁城《しきんじよう》の黄昏《たそがれ》』に詳《つまび》らかです。彼は、清《しん》朝の最後の皇帝（在位・一九〇八～一九一二年）〝ラストエンペラー〟愛新覚羅溥儀《あいしんかくらふぎ》（一九〇六～一九六七年）の家庭教師を務めた人ですが、同著には、「シナ大陸にエンパイア・オブ・チャイナ（中国帝国）などというものは存在しなかった。常にいろいろな民族がダイナスティ（王朝）を作るだけであった」と記されています。

その見方は正しい、と私も思います。第二次世界大戦終結時における中国の政権は、蔣介石（一八八七～一九七五年）が率いる中華民国でした。その後、蔣介石の国民党《こくみんとう》と毛沢東《もうたくとう》（一八九三～一九七六年）の中国共産党が争い、中国共産党が中華民国を台湾に追い出して、中華人民共和国ができたのです。つまり、中国は誕生してから、まだ七〇年足らずのまったく新しい概念の国家です。

しかし、今の中国共産党は何を夢見ているのか、清のように中華人民共和国を強大にしたいと考えています。それを「中華の夢」などと言っていますが、清と自分たちとはまったく関係ない、と中国共産党に思ってもらわないと、東アジアや東南アジアの国々にとって大迷惑なのです。

清は、満洲《まんしゅう》族（女真族《じょしん》）が漢民族の明《みん》を滅ぼした王朝であって、シナ人の国民国家ではありません。清朝の皇帝たちは、いずれも満洲族という強い意識を持ってシナ大陸を支配しています。このため、満洲語（ツングース語）を公用語に定め、漢民族を支配する時には漢語を、モンゴル族にはモンゴル語を使うというように、きちんと使い分けています。また、彼らの祖宗の地・満洲には漢民族が入れない封禁《ふうきん》政策を採っていました。

ですから、清とは満洲族という少数民族（建国時の人口約六〇〇万人）が他民族（同約二一〇〇万人）を支配した王朝にすぎません。そして、辮髪《べんぱつ》（前頭部を剃《そ》り、後頭部の頭髪を伸ばして後ろにたらす髪型）など満洲族の習慣を被征服民族のシナ人に強要しました。

このため、アヘン戦争で清がイギリスに攻め込まれた時も、被支配民のなかには冷《ひ》ややかに見ていた者もおり、国を挙げて戦うということはありませんでした。これでは、国民国家と言えません。

中華民族という民族はない――本村

私は、今の中国が一番誇りに思っているのは、唐《とう》だと思います。しかし、その王朝も、渡部先生のおっしゃるとおり、今の漢民族を主体とする中国と民族的なつながりはありません。

最近、研究者が指摘しているのは、唐王朝の支配民族のなかにソグド人が入っていたことです。たとえば、唐王朝で流行した馬に乗って行なう蹴鞠《けまり》は、ソグド人のユーラシアでの慣習を持ち込んできたものです。

中国は周《しゅう》以降、漢《かん》、明を除くと遼《りょう》（契丹人《きったん》）、金《きん》（女真族）、元《げん》（モンゴル族）、清（満洲族）などの北方の異民族により王朝が建設されています。また、五胡十六国《ごこじゅうろっこく》時代の胡《こ》という名は、漢民族からすれば卑《いや》しい騎馬遊牧民などを指す言葉です。彼ら異民族が大陸内部にやって来て、中国の民衆の頭の上に乗る、というパターンです。

現在、中国では「中華民族とは、中華人民共和国内に居住し、中国籍を有する者」とされているようですが、この表現はきわめて不正確です。なぜなら、中国大陸には漢民族、満洲族、朝鮮族、ウイグル族、チベット族など多くの民族が住んでおり、これらを総称して中華民族と呼ぶのは無理があると思うのです。

ヨーロッパの人たちに「あなたはヨーロッパ民族ですね」と言ったら、彼らは怒るでしょう。なぜなら、ヨーロッパにはゲルマン、ラテン、スラブなど数多くの民族が定住しており、そのなかに国家や国民が存在しているからです。

中国も同じ状況なのに、中国共産党は他民族まで無理に中華民族としてまとめようとしています。そのため、強硬な反日路線を採ったり、対外問題を起こしたりしているのではないでしょうか。国民の目を「外」へ向けさせれば、「内」はまとまりやすくなりますから。

古代文明を作った民族と今の中国人は無関係——渡部

本村先生がおっしゃるように、ヨーロッパを考える時、ヨーロッパ人と表現するとわけ

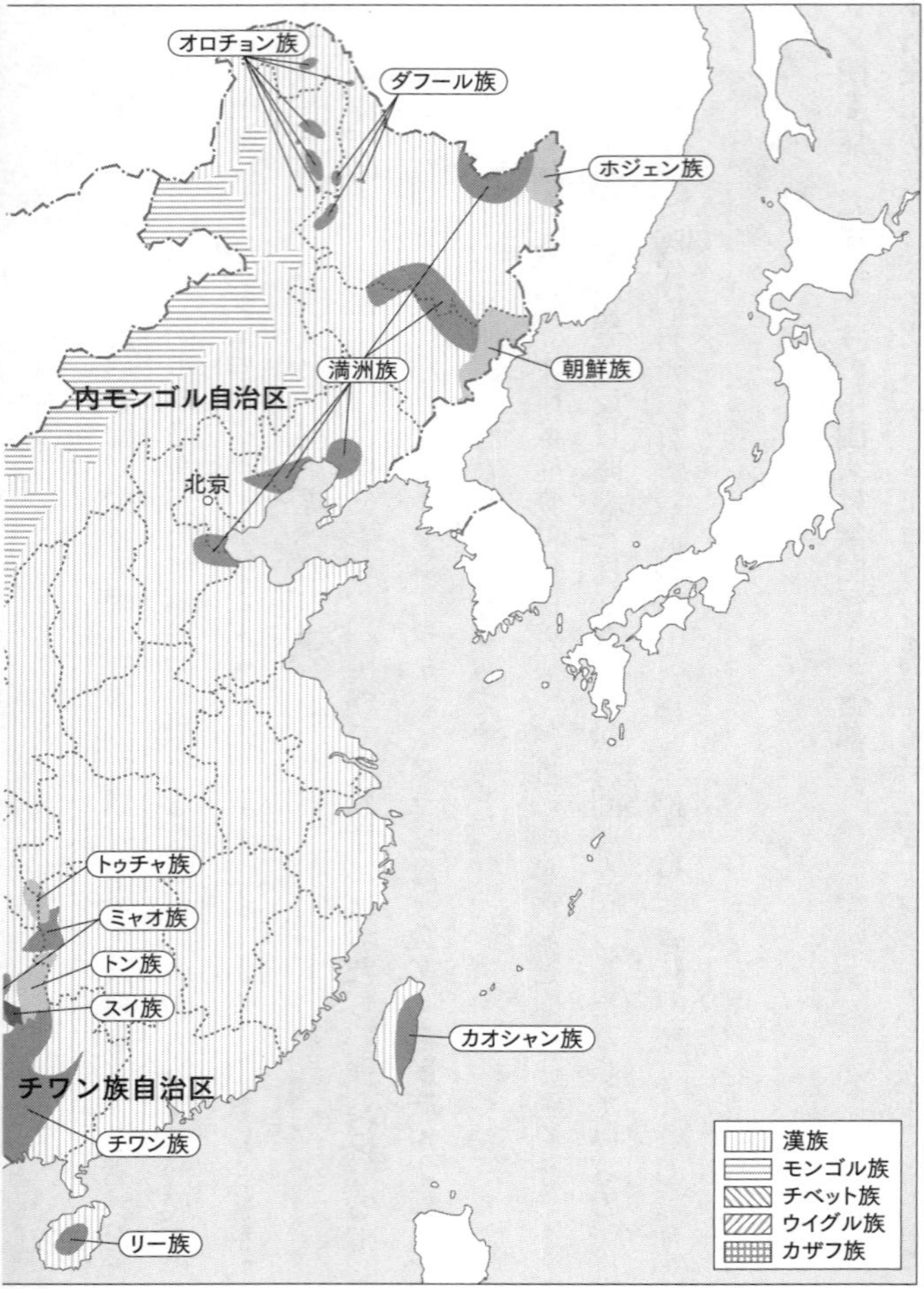
オロチョン族
ダフール族
ホジェン族
朝鮮族
満洲族
内モンゴル自治区
北京
トゥチャ族
ミャオ族
トン族
スイ族
カオシャン族
チワン族自治区
チワン族
リー族
漢族
モンゴル族
チベット族
ウイグル族
カザフ族

現代中国の民族分布

タタール族
シボ族
キルギス族
新疆《しんきょう》ウイグル自治区
タジク族
寧夏回族自治区《ねいかかいぞく》
回族
チベット自治区
チャン族
ナシ族
プイ族
メンパ族
ロッパ族
トールン族
リス族
ニイ族
アチャン族
チンプオ族
ワー族
広西《こうせい》
ラフ族
ハニ族
ダイ族

がわからなくなります。

これはあくまでも仮定ですが、もしナポレオンがヨーロッパを支配したら、「ナ王朝」になります。これはフランス人が中心になるわけですが、それが二〜三〇〇年続くと、今度はヒトラーが出てきてドイツ系の「ヒ王朝」ができる。それから一〇〇年後にスターリンのような人物が出てきて、「ス王朝」ができる。

シナ大陸がまさにそうです。鮮卑《せんぴ》族が権力を握れば隋《ずい》や唐、モンゴル族が握れば元、ということです。

シナ大陸では、漢字という「表意《ひょうい》文字（一つひとつの文字が意味を持つ）」を連綿と使ってきました。そして、あたかもひとつの大陸をひとつの漢民族が支配してきたかのごとく、今の中国の政治家たちは喧伝《けんでん》しています。しかし、表意文字は文字を見れば、それが読めなくても意味がわかりますから、どの民族でもわかるのです。

しかし、ヨーロッパで使われているアルファベットは「表音《ひょうおん》文字（一つひとつの文字が音に対応する）」であり、民族が違うと発音やスペルが異なるため、民族の違いをはっきり認識できるのです。

また、シナ人自身が古くから続く高邁《こうまい》な文化だと思っているシナ文明は、現代の中国人とは直接の関係はありません。たとえば、「四書五経《ししょごきょう》」のうちの「五経」は、序章で述べたように、周時代の優れた文明が滅びるのを惜《お》しんだ孔子が編纂して残した文献です。そして、三国時代の終わり頃には、周を作った民族はなくなってしまいます。

三国時代のあとは、五胡十六国という五つの民族が十六王朝を作る混乱の時代に至りますが、それを終わらせたのは鮮卑族の文《ぶん》帝が建国した隋朝です。このように、シナ大陸のレベルの高い古代文明は、今の中国人とは関係なく、滅び去った周の文化なのです。

これは、ギリシア文明は現代のギリシア人と関係がなく、パリ大学やオックスフォード大学などの多くの研究を通じて西ヨーロッパの人たちがアテナイ文化を復興したのと同じことです。古代アテナイ人の子孫で、今もアテネに住んでいる人はまず、いないでしょう。古代ギリシアはアレクサンドロス大王に征服され、その後もいろいろな民族の制圧を受け、十九世紀まではイスラム国家だったのです。

シナ大陸も、まず周の高い文化があり、その文化を創った民族は滅んだけれども、文化だけは残っている、ということです。

中国の「失われた一五〇年間」――本村

日本が明治維新に成功し、日清戦争（一八九四〜一八九五年）と日露戦争に勝利を収め、欧米列強に追いつき始めた頃、国民全体が高揚感を満喫《まんきつ》した時期がありました。

今や世界の大国として国際社会に認められ始めた中国も、政府はもちろん、国民たちにも同じような意識が強く働いているのではないでしょうか。

清は十九世紀半ばのアヘン戦争でイギリスに負け、さらに、日清戦争で小国と侮《あなど》っていた日本にも負けてしまいます。それらの敗戦による喪失感《そうしつ》を、民衆のどの層まで持っていたのかわかりませんが、少なくとも科挙《かきょ》（官僚登用試験）に受かって清朝に仕《つか》えていた人たちには大きなショックだったと思います。

その後、列強により領土を侵食され、屈辱にまみれた清国の民衆に、はじめて民族的自覚が芽生え、「扶清滅洋《ふしんめつよう》」を唱えた義和団《ぎわだん》事件（一九〇〇年）、「三民《さんみん》主義（民族・民権・民生）」を掲げた孫文《そんぶん》（一八六六〜一九二五年）らによる辛亥《しんがい》革命（一九一一年）につながったと歴史的には理解されています。

さらに第一次世界大戦中、中国におけるドイツの利権の継承を求める「対華二十一カ条の要求」（一九一五年）を発した日本に対し、中国民衆のなかには次第に国民国家という意識が生《しょう》じ、幅広い層を巻き込んだ愛国運動（五《ご》・四《し》運動）につながったとされています。

しかし、中華民国は、孫文と孫文から臨時大総統を受け継いだ袁世凱《えんせいがい》（一八五九～一九一六年）が激しく対立。ふたりの死後、陳独秀《ちんどくしゅう》（一八七九～一九四二年）らが結成した中国共産党や各地に生まれた軍閥《ぐんばつ》（地方に割拠した軍事集団）などが乱立しました。結局、中国は第二次世界大戦が終わるまで、国民国家を建設することはできませんでした。

われわれ日本人は、一九九一年のバブル崩壊によるその後の経済低迷を「失われた二〇年」と表現することがありますが、中国人にとって、一八四〇年に始まったアヘン戦争から経済的に台頭し始めた一九九〇年代まで、まさしく「失われた一五〇年」でした。

近代に国民国家を作れなかった中国——渡部

孫文は、中国でも台湾でも「革命の父」「国父《こくふ》」と呼ばれています。孫文は、英語の「レボリューション」という単語を日本では「革命」と訳すことを知り、自分たちの運動を辛亥革命と名づけましたが、正確には辛亥独立運動と言うべきだと思います。

ちなみに、近代シナの改革運動は孫文からではなく、康有為《こうゆうい》（一八五八～一九二七年）らによる日本の明治維新にならった制度変革「戊戌変法《ぼじゅつへんぽう》」から始まります。

これは私見ですが、政治家としての孫文は、あまり力がなかったのではないでしょうか。辛亥革命後に袁世凱が力をつけてくると、結局、彼に政権を渡してしまいます。袁世凱はその後、〝百日天下〟のような皇帝になるわけですが、孫文もまた政界から退《ひ》いてしまいます。

孫文は、中国ではじめて国民国家を作ろうとしましたが、軍閥などの妨害を受けて実現できませんでした。当時の中国には、政府を名乗る者が複数あり、「俺が代表だ」と主張するので、アメリカ人などは「What is China?」と訝《いぶ》かったそうです。

孫文の継承者として国民党を継《つ》いだのが、蔣介石でした。各地の軍閥と戦い、中国統一（中華民国）を成《な》し遂《と》げましたが、毛沢東の中国共産党と激しく対立、内戦が起こります（国共内戦）。一九三七年にシナ事変が始まると、国民党と共産党は手を携《たずさ》え（国共合作《がっさく》）、日本に当たりましたが、戦後は再び、国共内戦になりました。

アメリカは、ずっと蔣介石を援助していましたが、戦後はヨーロッパでの冷戦や朝鮮半島情勢に力を注がざるを得なくなり、また国民党の腐敗に嫌気《いやけ》が差して国民党への支援が減少します。その結果、ソ連の支持を得た中国共産党が勝利し、一九四九年、中華人民共和国が成立したのです。

しかし、中国の歴史を振り返れば、新しい王朝ができてもだいたい二〇〇～三〇〇年で潰《つぶ》れています。それだけ、広い国土とその国民をまとめていくのは大変なことなのです。

東洋史学者白鳥芳郎《しらとりよしろう》上智大学名誉教授は、「中国を治めるにはひとつの国や王朝では難しい。四川料理圏、北京料理圏、広東料理圏、上海《シャンハイ》料理圏など、中華料理の数で分けたらいいのではないか」と、私に語られたことがあります。

さらに、中国は地域により言葉が違います。日本の方言レベルとは異なり、北京語と広東語では意思疎通が難しく、中国人どうしでも英語で話したなどということがあります。このような状況なのに、強圧的にひとつの国にまとめようとすることにこそ、無理があると思います。

農村戸籍と都市戸籍――渡部

中国の人口は現在十三億人を超え、二〇三〇年頃には一四億六〇〇〇万人のピークを形成するそうです。第二次世界大戦後の人口は約五億人でしたが、一九七〇年に八億人、一九八二年には一〇億人を突破しています。

一九七九年より始まった人口抑制政策「一人っ子政策」により、少子化が進んでいるようですが、この「数」としてのパワーは圧倒的です。しかし、人口問題を含め、中国社会にはさまざまな矛盾《むじゅん》が露呈しています。そのひとつが、戸籍制度です。

「戸口《フーコウ》」と呼ばれる中国の戸籍制度は、一九五〇年に制定されました。戸口には「農村戸口《ノンツン》（農村戸籍）」と「城市戸口《チヨンシー》（都市戸籍）」があり、国民を厳格に分けています。そして、両者には社会生活や社会待遇で大きな差があります。

国民全体の60％以上を占める農村戸籍者は、都市戸籍者に比べ、収入、社会保障、進学、就職などで圧倒的に不利な立場に置かれています。たとえば、農村戸籍を持つ国民が北京、上海など都市に出て働きたくても、その移動は厳しく制限されています。しかも農村戸籍から都市戸籍へ移籍するのは困難で、農村戸籍の親の子どもは、どこで生まれても農村戸籍になってしまうというのですから、古代の奴隷のような扱いです。

実際、農村戸籍の人たちは、人口増加にともなう大量の食料を賄《まかな》うために、国家によって農奴《のうど》のように働かされているのですが、その恩恵を受ける国家指導者たちは都市戸籍です。

最近は、この制度への批判が多くなり、一部の地方政府は改善する意向を示していますが、中央の中国共産党は消極的な立場です。つまり、今の中国は不平等な競争社会で、社会的な階層が固定化された「階級社会」なのです（階級闘争を掲げたのが共産党宣言でしたから、おおいなる矛盾です）。

しかし、このような都市と農村を分けるという統治方法は中国に限らず、古代から行なわれてきたものです。中国に行けばわかりますが、南京などの古い街は城壁に囲まれています。これはヨーロッパでも同様で、安全はもちろん、市民権などの権利も城壁のなかに存在したのです。むしろ、都市を城壁で囲まない日本のほうが例外です。

今までのシナの歴史を参考にすれば、革命勢力は農村から出てきます。毛沢東も「農村から蜂起《ほうき》して、都市を囲いこんでいく」と言い、都市の資本家階級が支持した蔣介石を破ったのです。
もし、今の中国に何かが起きるとしたら、都市戸籍者と農村戸籍者間の矛盾が、その引《ひ》き金《がね》になるかもしれません。

国内に植民地を持つ史上初の国家――本村

今の中国の農村は、都市部の植民地になっている。つまり、中国は国内に本国と植民地を持つ、世界史上はじめての国家――と私は受け止めています。

植民地と言えば、国外に広大な植民地や属州を経営していたイギリスやローマを思い浮かべます。植民地とは、もともとそのようなものですが、中国の場合は、都市と農村を戸籍上区別して、農村を植民地にしているように感じます。しかし、それがはたしてうまくいくのか、ひとつの大きな実験だと思っています。

一九九〇年代からの中国の急速な経済発展の理由のひとつは、日本や欧米の資本が中国に向かい、世界中の工場が中国に集まったことでしょう。二〇年前の中国は、資源としてレアアースは持っていたにしろ、オリジナルな技術はほとんどなく、工業生産力などは日本の一〇分の一もありませんでした。

それにもかかわらず、世界の工場やその技術を中国が吸い寄せたのは、膨大な人口を背景とする、安い労働力があったからです。そして、低賃金で働いたのは、主に農民の子弟や地方の貧困層、つまり農村戸籍者です。

彼らの働きによって、国家は潤《うるお》い、バブルに浮かれ、高級官僚やその子弟のなかにはベンツやフェラーリなどの高級車を乗り回す者まで現われました。また、その経済効果は都市に住む一般の都市戸籍者をも潤わせ、海外で高級ブランド品を買い漁《あさ》る現象すら起こっています。

それでも、農村部や都市の労働者（農村戸籍者）の収入は低く、都市戸籍者の七分の一と言われています。つまり、今の中国の経済発展は、農民戸籍者に支えられていると言っても過言ではありません。渡部先生のおっしゃるとおり、このままでは、今後の中国の先行きはきわめて不透明だと思います。

アメリカの植民地だった中国――渡部

ご指摘のように、中国が急速に経済発展を遂《と》げたのは、資本と技術を持った企業が世界中から進出し、奴隷的に労働者を低賃金で雇用したからです。

アメリカは一九七九年の国交正常化以降、九〇年代にかけて国際金融資本から資本提供を受けた大企業が中国に進出しました。そして、低賃金によりコスト削減に成功、おおいに潤ったのです。つまり、中国の農村部は中国国内の植民地であり、アメリカの植民地でもあった、ということです。

米中の貿易額は一九七九年には約二五億ドルでしたが、二〇一三年には五〇〇〇億ドルを超え、日米、日中のそれを上回っています。そして、アメリカにとって中国は最大の輸入相手国であり、中国にとってアメリカは最大の輸出相手国になっています。

今、中国がかろうじてひとつの国としてまとまっているのは、猛烈な経済成長のために、多くの人は生活が楽になったという実感を持つからです。農村部の年収が日本円で数十万円だとしても、食うや食わずだった毛沢東の時代から比べると、国民の暮らしは相対的に良くなっています。

今、中国はエネルギー源と食料の輸入国であり、必死になってアフリカからでも、どこからでも資源を収奪し、海から魚を獲《と》ろうとしています。シナ人はそれほど魚を食べる民族ではなく、遠洋漁業などもほとんどありませんでした。しかし、人口が十三億人に増えると、タンパク質を手軽に取れる海の魚は有効な食料です。

要は、中国共産党はそれだけ、国民を〝食べさせる〟ことに腐心《ふしん》しているのです。

模倣《もほう》技術に依拠した経済発展の危《あや》うさ——渡部

資源が乏《とぼ》しく、エネルギー源と食料を輸入しなければならないのは日本も同じです。しかし、日本の戦後の目覚ましい経済発展には、朝鮮戦争（一九五〇〜一九五三年休戦）やベトナム戦争などにより景気が刺激されたということがあったとしても、独自の技術を開発し、それを世界の国々に認めさせたからにほかなりません。

ところが、今の中国にはオリジナル技術は少なく、しっかりと研究を行なうよりも、他国の技術を模倣し、早くお金をもうけようというスタンスです。これは、海外企業が中国に進出する際の条件として、中国への技術公開や技術移転を求めることからも明らかでしょう。

実際に、中国は、他国に売らないという条件で、川崎重工業やＪＲ東日本から供与された新幹線技術を改良したものを「自分たちが開発した技術」として、アメリカなどで国際特許出願しました。彼らの特許に対する観念を期待するほうが無理なのでしょう。日本企業も、産業の〝武器〟である技術力をしっかりと防衛しなければなりません。

しかし、企業も学習能力を持っているので、そのような国とは本気でつきあえないというケースが多くなってきています。ヤフー（アメリカ）、グーグル（アメリカ）、ロレアル（フランス）などが撤退しましたし、人件費の高騰《こうとう》から工場を引き戻す傾向も出てきました。日本はすこし遅れているようですが、仮に外国資本が一気に引き上げると中国はどうなるでしょう。これは、興味深いテーマです。

チャイナリスクと国民気質――本村

いわゆる〝チャイナリスク〟ですね。

中国が豊かになったのは都市周辺部だけで、農村部のほとんどは、私がさきほど「植民地」と言ったように貧乏です。日本の高度経済成長の奇跡は、その成長率もさることながら、その平準化と平均化にありました。つまり、パイとしての経済規模が大きくなるにしたがって、格差が広がるのが普通ですが、日本の場合、格差を生《しょう》じさせずに経済規模も拡大したのです。

ところが、中国では経済発展と共に、きわめて深刻な所得格差が生じています。これは、「先に豊かになれる人が豊かになり、豊かになった人は他の人も豊かになれるように助ける」という改革開放を進めた鄧小平《とうしょうへい》の理論から逸脱《いつだつ》するものです。

渡部先生のお話のとおり、お金を貯《た》め込んだ一部の富裕層は、国外に脱出しています。この背景には、今の中国の社会体制や経済体制への不満の高まりもさることながら、中国の国民の持つ気質が大きく関わっているのではないかと思っています。

私が東京大学に勤務していた頃、駒場キャンパスで同僚（教授）に聞いたことがあるのですが、たとえば東大に韓国人と中国人が留学してきて、博士論文や修士論文が書けないと、韓国の学生はひどく落胆して帰るそうです。

しかし、中国の学生はそのようなことがない。韓国人は、一族から立派な学者を出したいという期待を背負っているため強い使命感があるのに対し、中国人は国に帰って商売でもやればいいと、それほどショックを受けずに帰るそうです。

日本人にはなんともお気楽に見えますが、中国人は華僑《かきょう》に代表されるように、昔からユダヤ人と同様、世界中に散らばり、商業で成功している人がたくさんいます。今の中国人も、華僑的な発想・思想を持っているのでしょう。

また、『三国志《さんごくし》』『水滸伝《すいこでん》』にあるような権謀術数《けんぼうじゅつすう》の騙《だま》し合いが、中国では今でも当たり前になっているように感じられます。日本の新幹線技術を自分たちの技術だとウソをつく、高速鉄道が大事故を起こすと事故原因の究明を待たずに埋めてしまう、という先進国の常識では考えられないことが平気でまかり通っています。

多少のウソは商業活動の方便《ほうべん》にはなっても、行きすぎた、悪質な権謀術数は国際社会の信用を失います。チャイナリスクには、中国の政治・経済・社会体制だけではなく、こうした国民の気質も含まれていると思います。

統治者は誰でもいい！——渡部

シナ大陸に住む人々は古来、「上の人は下に干渉しなければいい、干渉しないのが一番いい統治者」と思っているようです。日本の「教育勅語《ちよくご》」は儒教と重なるところがありますが、儒教にないのは「一旦緩急《いったんかんきゆう》あれば義勇公に奉《ほう》じ（危急の事態になれば、義心《ぎしん》と勇気を持って、公《おおやけ》のために奉仕《ほうし》する）」でしょう。

シナ人は、私には公（国）など関係ない、公は勝手にやってくれ、税金をあまり取らないでくれればそれでいい、という気質を持っているように思います。したがって、支配者がモンゴル族であろうが、満洲族であろうが関係ないが、干渉する中国共産党は疎《うと》ましいのです。

これを象徴的に表わした映画が『さらば、わが愛／覇王別姫《はおうべつき》』（一九九三年公開）です。この映画は、軍閥時代から文化大革命後までの中国を舞台にした京劇《きようげき》俳優たちの物語ですが、次のような場面があります。

日本の占領下の北京で京劇を上演していると、白い手袋をはめた日本軍将校が観劇しています。終演後、彼は手袋を取ると大きな拍手を送り、その後の宴席《えんせき》でも、歌舞《かぶ》を披露した俳優に礼儀正しく接しました。日本軍が撤退すると、国民党軍が来場しますが、観劇中にライトをつけて大騒ぎ、しまいには舞台に上がってきます。たまりかねた主人公は「やめてください、日本軍もしなかった」と言うと、兵士は「日本人より劣《おと》るとは何事だ！」と怒り、劇場を破壊していくのです。さらに、国民党政府は、日本軍の前で踊った俳優を「売国奴」として、裁判にかけるのですが、同僚が「日本軍は手錠《てじょう》をかけ、銃で脅《おど》して――」などと虚言《きょげん》を弄《ろう》するなか、彼は「日本軍は指一本触れなかった」と証言します。

その後、国民党に代わって北京に入った共産党は、京劇を労働者が主人公の現代劇に変えようとしますが、「これは京劇ではない」と言い切る主人公は、文化大革命のなか――。

これは、香港と中国の合作映画で、陳凱歌《チエンカイコー》監督以下、中国や香港の人が製作していますから、日本人や私の史観は入っていません。

民衆にしてみれば、劇を中止させられたり、劇場を破壊されたりするより、きちんと料金を支払い、観劇する支配者がいいに決まっています。つまり、善政さえ布《し》いてもらえば、シャッポ（統治者）は誰でもよく、きわめて融通無碍《ゆうずうむげ》な気質を持っているのではないでしょうか。

ちなみに、この映画には盧溝橋《ろこうきょう》事件前夜、中国学生による反日デモのシーンがあるのですが、主人公が「皆が愛国者面《づら》をしているけど、騒ぎを起こして発散したがってるのさ。日本軍は郊外にいるんだから、そっちに行けばいいのに」と話すシーンもあります。なんとなく、現代中国の反日デモにも似ているように思ったのは私だけでしょうか。

中国人の道徳を破壊した文化大革命――渡部

融通無碍とは、「一定の考え方にとらわれることなく、どんな事態にも対応できること」という意味です。しかし、そのような民族の気質を完全に壊《こわ》してしまったのが、一九六六年から一九七七年まで続いた「文化大革命（正式名称・無産階級《プロレタリア》文化大革命）」でしょう。

これは、「資本主義文化を批判し、社会主義文化を創生しよう」というスローガンの下《もと》に、政治、思想、文化の全面を見直そうとした改革運動ですが、実際は、数年でアメリカとイギリスを追い越すとした「大躍進政策」（一九五八〜一九六〇年）の失敗により政権中枢から失脚していた毛沢東が政権復帰を目指し、腹心の林彪《りんぴょう》らと実行した権力闘争と言えるものでした。

そのため、敵対者の密告、紅衛兵《こうえい》による組織的な暴力、全国的な粛清《しゆくせい》などが展開され、知識人や一般民衆に多数の死者（数百万人とも数千万人とも言われる）を出したほか、国内の主要な文化の破壊と経済活動の長期停滞をもたらすことになるのです。

中国の民衆にとって、文化大革命の影響は非常に大きいものでした。彼らは、前述のように、シャッポは勝手にやってくれ、あまり面倒くさいことは言わなければいいと、家族・親族を中心としておたがいに助け合いながら何千年も生活してきたのです。

ところが文化大革命の時は、子どもが親を、妻が夫を密告するようなことがあり、そうしなければ自分の命さえ危なかったのです。あの時、破壊された民衆の道徳感情はまだ回復していません。このような経験をしてきた民衆にとって、国も社会も隣人も家族さえもギリギリのところでは信用できないとなれば、身を守る術《すべ》として、お金をよりどころにするのは当然かもしれません。

最近ベストセラーになったエズラ・ヴォーゲル著『現代中国の父 鄧小平』では、文化大革命での鄧小平の姿を生々《なまなま》しく描き出しています。訳者あとがきによると、同書は「原書の約9％が削除された」そうですが、どこが削除されたか大変気になります。

国連常任理事国「拒否権」というカード――渡部

中国の政治思想の背景には「中華思想」があることは明確でしょう。つまり、中国こそが世界を支配する唯一の国であり、他国は漢代から始まる冊封《さくほう》体制のなかで存在している、という考え方です。

しかし、清朝末期から第二次世界大戦が終わるまでの清国は、〝眠れる獅子《しし》〟どころか、経済的にも軍事的にも世界の頂点に立てる国とは誰も思っていませんでした。これは、さきほど本村先生が「失われた一五〇年間」と表現されたとおりです。第二次世界大戦が終わるまでの中国は、国土だけが広く雑多な民族が居住している巨大な後進国、と世界的には思われていたのです。

ただ、歴史の妙《みょう》は思いがけないところから現われます。戦後、中華民国は日本と交戦して勝利した国として、国際連合（United Nations）の常任理事国（正式名称・国際連合安全保障理事会常任理事国）に祭り上げられます。

日本では、国際連合のことを第二次世界大戦後の国際秩序を維持するために、国際連盟（League of Nations）に代わり新しく組織された平和を維持するための世界的な機関、と思っている人が多いのですが、その内実《ないじつ》は枢軸国側だった日本やドイツの敵国、つまり連合国側の国が作った組織にすぎません。そして、連合国のうちアメリカ、ソ連、フランス、イギリス、中華民国が常任理事国になったのです。

国際連合は、前述のとおり、英語では「United Nations」と言いますが、これは戦時中の連合国を表わすUnited Nationsがそのまま移行したものです。つまり、戦勝国が作った組織であり、戦勝国が主導する国際秩序にほかなりません。

国連のファイブ・ネーションズと言われる国々は今、世界のリーダーシップを握っているかのような存在ですが、その実態は第二次世界大戦によって得た利権をいまだに踏襲する、私に言わせれば、平和国家でもなんでもない、ただの利権国家群です。

そして、その恩恵を一身に享受しているのが、今の中華人民共和国です。シナ事変において、中華民国軍は日本軍の前に敗走を重ねます。その間、蔣介石は首都を南京から漢《かん》口《こう》、そして重慶《じゅうけい》へ移し、敗戦後に日本が撤退すると、ようやく南京に戻しました。一九四五年、国際連合が設立されると中華民国は加盟し、常任理事国に就任します。

しかし、何度も説明したとおり、その後シナ大陸は内戦状態となり、内戦に勝利した中国共産党が中華人民共和国を建国。そして一九七一年のアルバニア決議により、中華人民共和国が国連加盟国および常任理事国となったのです（中華民国は追放）。

追放された中華民国は一九九三年以来、国連に復帰を求め、二〇〇七年には「台湾」名義による新規加盟の手続きで加盟を申請したものの、いずれも認められていません。ちなみに、北朝鮮（朝鮮民主主義人民共和国）は国連加盟国です。

では、国連の常任理事国にはどのようなメリットがあるのでしょうか。その最たるものが安全保障理事会における「拒否権」です。同理事会での重要事項は非常任理事国（一〇カ国）と常任理事国（五カ国）で決議されますが、たとえすべての理事国が賛成したとしても、常任理事国が一カ国でも反対すれば、それは履行《りこう》されません。

これは、国際秩序にとって非常にいびつなことです。たとえ国連が決議しても、常任理事国（中華人民共和国）の国益に合わなければ拒否できます。たとえば、最近緊張を深めている南シナ海の南沙《なんさ》諸島における中国とベトナムの紛争で、仮に国連で「中国は手を引くように」と決議されても、中国が拒否権を行使すれば、国連としての拘束力はなくなります。つまり、常任理事国という地位は、世界の意思を一国で覆《くつがえ》し、わがもの顔でふるまえる〝お墨《すみ》つき〟のようなものなのです。

国連は平和主義で、平和国家・日本の味方などと考えるのは気楽なユートピアンだけでしょう。常任理事国ではない日本は、そこのところをよく考えないといけません。最近、尖閣《せんかく》諸島を領土と中国が主張するのは、尖閣周辺に埋蔵された石油があると推定されているからでしょう。そして、中国はあろうことか、尖閣諸島は「日清戦争で日本が中国から奪った」と主張しています。

しかし、日本は日清戦争終結以前に、尖閣諸島はどこの国の支配権も受けていないと調査し、編入したのです。

米中《べいちゅう》戦争の可能性——渡部

成功するか失敗するかは別にして、中国が世界の覇権国家を目指しているのは確かでしょう。そうであれば、アメリカやアメリカ・日本の同盟軍と、戦争になる可能性もあるでしょう。

しかし、今の中国の軍事力はロシアの技術に依存しており、通常兵器はまったく怖《こわ》くありません。人民解放軍陸軍の兵員は一四〇万人以上とされていますが、現代戦で陸上侵攻するのは戦争が終結する間際に限定されます。したがって、仮に中国との戦争が起こっても、地上戦力などまったく無意味です。おそらく、東シナ海の海上戦および単発的な局地戦で中国は敗れて終結するでしょう。

ただ、中国の宇宙開発技術と核兵器だけは無視できません。中国は現在、二四〇発の核弾頭を所有している、と推定されています（CNN.com「Nuclear weapons: Who has what?」より）。ですから、オバマ大統領もアメリカ国防総省も慎重なスタンスをとっているのですが、アメリカと中国が全面戦争になる可能性はほとんどないと言っていいでしょう。

それは、中国自身が、通常兵力において、アメリカおよびアメリカ・日本の同盟軍に敵《かな》わないことを知っているからです。ただし、限定戦争、局地戦闘なら可能ですから、それはきちんと備えておかねばなりません。

ちなみに、戦争はいきなり始められるわけではなく、半年～一年の準備をしなければできません（出師《すいし》準備）。日本も、第二次世界大戦では最悪の事態（戦争）を想定し、二年前ぐらいから経済を統制し、飛行機を作ったり、燃料を備蓄したりしたわけですが、そのような兆候は現在、中国に認められません。

中国は、すでに崩壊への道を歩み始めている──本村

覇権国家を支える両輪は軍事力と経済力だ、と序章でお話ししました。

そして、最近成長著《いちじる》しい経済と、膨大な軍事予算をつぎ込む中国は、アメリカに代わって覇権国家をうかがっているのではないか、あるいは中国の経済的ピークはすでに過ぎたのでやがて衰退する、という見方が多くのメディアでかまびすしく論じられています。

こうした風潮を見ると、私はローマのカエサルが『ガリア戦記』のなかで記した、「人間は見たいものしか見ない」という非常に含蓄《がんちく》のある言葉を思い出します。

つまり、最近の中国の台頭はおもしろくない、早く潰《つぶ》れてしまえ、つぶれた中国を早く見たい、という願望がわれわれ日本人のなかにあるのかもしれません。しかし私は、願望ではなく、今の中国の一党独裁体制、社会的矛盾、経済状況、国民気質などから判断すれば、中国はすでに崩壊へ向かって進み始めていると思っています。

マックス・ウェーバーは、近代社会の合理的支配システムとして「官僚制」を肯定的に

とらえましたが、いっぽう「個人の自由意思は抑圧されやすくなり、人間が組織や生産体制に従属させられる隷従《れいじゅう》の檻《おり》となる危険性」についても書き残しています。これは、彼が二十世紀初頭に発表したものですが、私は、その見方は的確であり、あの当時によくぞここまで見通したと評価しています。

翻《ひるがえ》って、現代の中国中央政府や地方政府の汚職事件は、当局の再三の綱紀《こうき》引き締めにもかかわらず、あとを絶ちません。これは、官僚制が持つ構造的な欠陥でしょう。それに加えて、中国特有の氏族制があります。その枠外での汚職が、枠内では富をもたらす者として必ずしも排除されないという、国際的には通用しない規範の問題があるのです。

つまり、今の中国は腐敗臭が立ち込めるなか、民衆を強圧的に抑え込んでいるにすぎず、第二の天安門《てんあんもん》事件（一九八九年）や大規模な辺境民族の自立運動が、いつ起こっても不思議ではないと思います。

もしかすると、中国政府もすでに、現体制が崩壊することを予測しているのかもしれません。しかし、その場合でも、今まで培《つちか》ってきた統制システムを運用すればなんとかなるのではないか、と思っているのではないでしょうか。

私は、理念としての社会主義は、今でもけっして悪いことではないと思います。人間をなるべく平等にしていこうという理念は高邁《こうまい》です。これまでソ連、東欧、北朝鮮などが行なってきた社会主義システムは歴史的に失敗しましたが、マルクスが一八四〇年代に主唱した「唯物史観《ゆいぶつ》」はまだ否定されていないと思います。

唯物史観とは、歴史の発展が唯物弁証法《べんしょう》（世界は全体として統一を持ちながら相互に連関して発展する物質の運動であり、思考や意識もその物質の模写の過程である）の論理で動くとするもので、現状（正《せい》）が否定され、反対の状況（反《はん》）が生まれるが、やがて新しい調和的な秩序（合《ごう》）ができるという考え方です。

そうとするならば、今は正から反が生まれ、それが混ざって新しい秩序（新自由主義）は生まれたが、それもやがて現状（正）になるということです。ですから、新しい社会主義（たとえば自由を基調とする社会主義）はありえることになります。

資本主義がお金もうけに傾《かたむ》きすぎて、たとえばリーマン・ショックなどを経験すると、それを調整する社会主義的な考え方（社会政策）も必要だと思います。その意味では、社会主義は歴史のなかで一回失敗しましたが、この経験はどこかでまた盛り返してくる可能性があり、その時、人権思想をわきまえるなら、今の中国の体制が理念としてはひとつのモデルを示すかもしれません。

とはいえ、官僚制に頼っている限り、ウェーバーの言うように、中国はそれほどもたないかもしれません。その崩壊は来年かもしれないし、一〇年後かもしれないし、三〇年後かもしれません。

中国に必要なのは、自由主義ではなく社会主義!?——渡部

本村先生に異論はありません。中国の現王朝は、遅かれ早かれ衰退します。

毛沢東の政治は、その思想を重視するがゆえに厳格な共産主義・社会主義でした。そのため、国民は貧しく、食事にも事《こと》欠いていました。その後、「白猫《しろねこ》であれ黒猫であれ、鼠《ねずみ》を捕るのが良い猫である」と言い、理念よりも実用を重視した鄧小平は、改革解放政策を進めました。その結果、経済成長を成し遂げたものの、国民間にものすごい格差が生《しょう》じ、マルクスが資本家による労働者の搾取に憤《いきどお》った時代よりもひどい状況になってしまいました。

この状況は、中国共産党という党名におおいに矛盾しています。ですから、本村先生がおっしゃるように、中国政府がもっと社会主義的な政策すなわち社会政策を採れば、皮肉にも中国は立ち直るかもしれません。

さて、次章はこの対談のまとめとして、今後の日本が採るべき道について、本村先生と話を進めたいと思います。

第六章

日本——これから歩むべき道

日本の類似国家はあるか――本村

ここまで、歴史上の覇権国家、あるいは覇権をうかがう国家として、ローマ、スペイン、オランダ、イギリス、アメリカ、中国と話をすすめてきました。ここからは、それらの国々を参考に、今後の日本の採るべき道を探っていきたいと思います。

まず、日本はどのような国なのか。歴史上の類似国家はあるのでしょうか。私が強《し》いて挙げればイギリスで、日本と非常に似たところがあると思っています。その理由は、イギリスと日本はユーラシア大陸の両側に位置する島国であり、地政学的に類似するだけでなく、共に君主を戴《いただ》き、歴史や伝統を大切にするなど、国民気質も似ていることです。

渡部先生が第二章でおっしゃったように、イギリス人の祖先には〝荒《あら》くれ者《もの》〟で海賊のような連中がいましたが、産業革命後は階級や家柄だけでなく、それにともなう責任（ノブレス・オブリージュ）や教養、徳性を身に着けたジェントルマン（紳士）が出現し、イギリス社会を支えてきたと思います。

さらにまた、一〇六六年のノルマン・コンクエスト（ノルマン人によるイングランド征服）後、さまざまな王朝が君臨しましたが、アーサー王やアルフレッド大王に遡《さかのぼ》るアン

日本の領土と領海

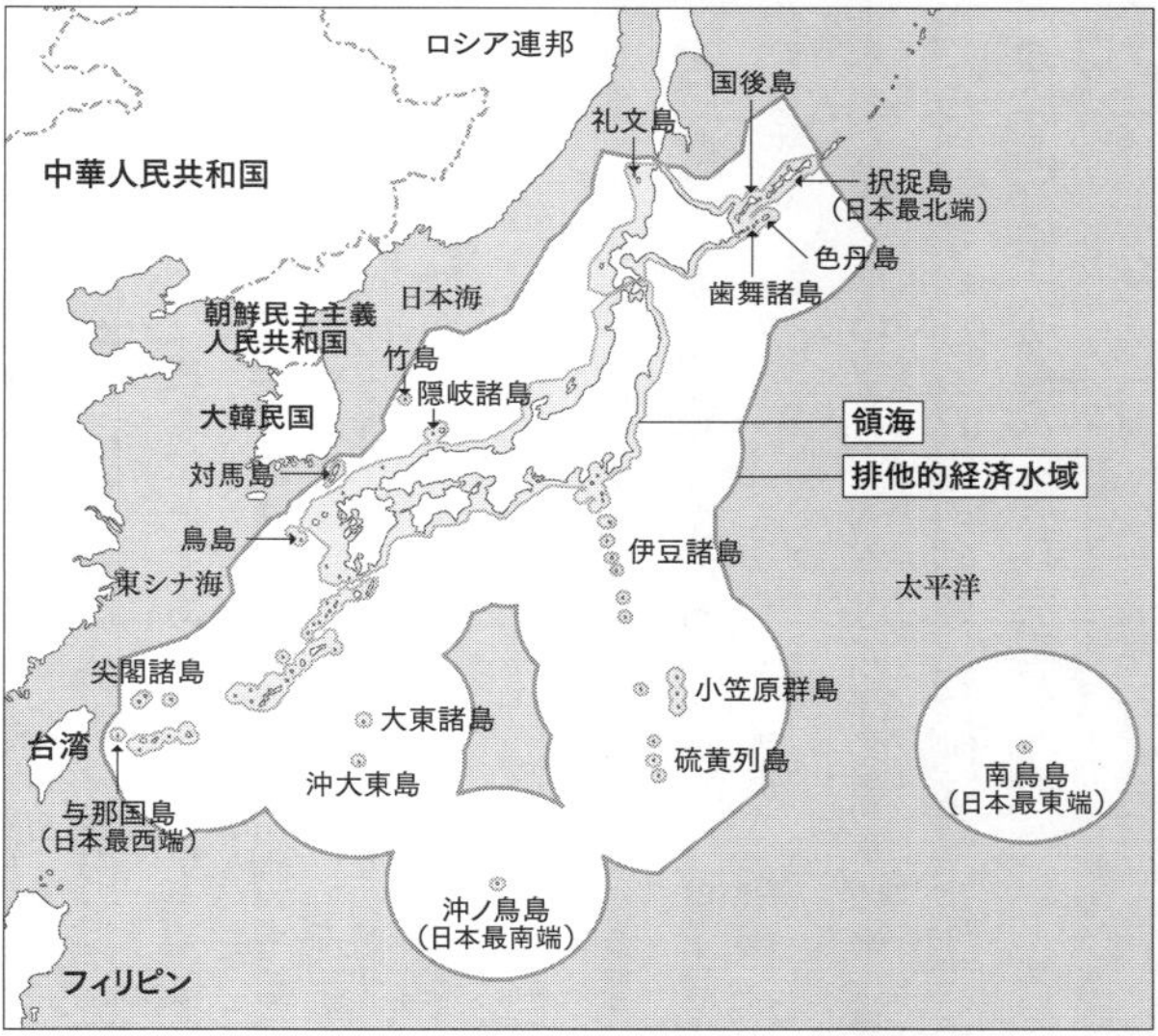

領土	約38万km²（世界61位）
領海	約43万km²
排他的経済水域	約405万km²
領海＋排他的経済水域	約447万km²（世界6位）
領土＋領海＋排他的経済水域	約485万km²（世界9位）

グロ・サクソンの国民という意識は残っているはずです。

　日本にも、イギリスのジェントルマンシップとよく比較検証される行動規範としての武士道があり、イギリス人の控えめで穏やかな性質と日本人はよく似ていると思うのです。

　これは、中世史の専門家から聞いた話

ですが、中世の日本では、山賊《さんぞく》や追剥《おいはぎ》が旅人を襲い、荷物や路銀《ろぎん》（旅費）などを奪っても、一宿分の食料だけは残すそうです。他のアジア諸国やヨーロッパなら身ぐるみ剝《は》いで、場合によっては殺すこともあるのに、日本ではとにかく次の宿場までの食料は残していく、というエピソードが文献にたくさん出てくるそうです。

明治期の日本で、いわゆる〝お雇《やと》い外国人〟として西洋彫刻を教えたイタリア人の彫刻家ラグーザは「財布を落としても、日本では返ってくる」と言っています。これは現代でもそうですが、十九世紀のヨーロッパでは考えられない、日本人特有の品性ではないかと思います。また、美術史家エルンスト・ゴンブリッチが著した『若い読者のための世界史』を読むと、明治維新の頃の日本を見て、ヨーロッパ人は脅威に感じていたことがよくわかります。

幕末から明治期に生きた人々は西洋の科学技術、教育制度、軍隊制度などから利用できるところだけを採り、日本の制度に反映させます。そして、日本は近代国家を建設し、欧米列強による植民地化を免《まぬが》れますが、そのベースとなった技術や制度を欧米の歴史から学んだとも言えるのです。

しかし、エイミー・チュアは『最強国の条件』のなかで、なぜ、近代の日本は植民地経営をもうすこしソフトにできなかったか、と述べています。今でも台湾のお年寄りたちのなかには、産業を興《おこ》し、鉄道を敷設し、学校を整備した日本に対して感謝の気持ちを持っている方が少なくありません。しかし、中国大陸では、日本は歓迎されたとは言い難いものがあります。

その意味で、ローマ人は非常にうまくやっていました。属州にローマの言語も宗教も強要しませんでした。もし、日本軍がローマ史を勉強していれば、もうすこしうまく植民地を統治できたのではないかと私は思います。

翻《ひるがえ》って、戦後の経済発展、バブル崩壊、長期的な経済低迷、そして、最近の集団的自衛権問題などについて、これまでの人類の歴史から学ぶことが日本人のこれからの課題だと思います。

ドイツの哲学者ヘーゲルは、「人間は歴史から何も学んでいない。歴史の教訓として言えるのは、われわれは何も学んでいないということだ」と皮肉を込めて語っています。この言葉を、われわれ日本人はもう一度、考える必要があるのではないでしょうか。

日本という国家の独自性——渡部

日本の類似国家は歴史上、存在しません。八〇歳を超えた現在、いろいろ考えたり、振り返ったりすると、結局、日本に似ている国はないと考えざるを得ないのです。

北畠親房《きたばたけちかふさ》が著した歴史書『神皇正統記《じんのうしょうとうき》』には、「大日本は神国《しんこく》なり」と書かれています。二〇〇〇年、当時の森喜朗《もりよしろう》首相の「神《かみ》の国《くに》発言」は、国民主権や政教分離に反するのではないか、と多くのメディアから批判されました。ただ、神の国を神話時代から連綿と続いている国と考えてはどうでしょう。世界史的に見ても、神話時代から一貫して王朝が同じだった国はありません。

その礎《いしずえ》は神道《しんとう》であり、神社です。日本の神社は伊勢《いせ》神宮、出雲《いづも》大社、宇佐《うさ》神宮など巨大なものだけではなく、小さな社《やしろ》は街を歩けば全国至るところに鎮座《ちんざ》しています。それらは、神代《かみよ》からの王朝と共に歴史を歩んできました。

また、私の知っている海外の神話の多くは天地創造から始まりますが、日本の神話は男神伊邪那岐命《イザナギノミコト》と女神伊邪那美命《イザナミノミコト》が磤馭慮島《オノゴロじま》を創ったところから始まります。つまり、日本ははじめから小さな島国と意識しながら、大きな神話を持つような国なのです。

日本は、二〇〇〇年前から統一国家の意識があり、第四十代天武《てんむ》天皇（在位・六七三〜六八六年）の頃から、日本という国号《こくごう》が定着したと言われています。そのような国が近代国家になった例はありません。だから、私は日本と似ている国家などないと思います。

今後の日米同盟——渡部

今の日本は、外交的に非常に難しい問題を抱えています。ざっと見回しても、中国と韓国の間には尖閣諸島問題、竹島《たけしま》問題、歴史認識問題、従軍慰安婦《いあんふ》問題などを抱え、北朝鮮とは日本人拉致《らち》問題、核問題、ロシアとの間にも北方領土問題が存在しています。

私からすれば、中国や韓国という国は本当にやっかいな国だと思いますが、彼《か》の国々から国益を守るためには、なによりアメリカと集団的自衛権も含めて共同で歩調をとることです。現在の同盟関係をさらに強固にするために、憲法改定なども十分に検討していくことが重要でしょう。とにかく、言葉は悪いのですが、アメリカから〝ポイ捨て〟されないように、配慮することが常に必要だということです。

しかし、私はアメリカを１００％信用してはいけないとも思います。アメリカは、シナ事変中にあれだけ蔣介石を援助したにもかかわらず、中華民国と中国共産党間との間で国共内戦が勃発すると、援助に消極的になりました。

また、ベトナム戦争でもアメリカは、中華民国（台湾）から軍需物質を大量に調達していました。それにもかかわらず、中華民国は国連における中国代表権を中華人民共和国に奪われ、今も国際的に孤立の道を歩んでいます。この背景には、米ソ冷戦下の国際社会の政治的かけひきがあったのですが、いずれにしても、国際間の友好関係などはいとも簡単に反故《ほご》にされてしまうということです。

このことは一九五一年以降、アメリカと新旧の安全保障条約を結んできた日本にも当てはまると思います。アメリカと日本は経済関係で強固に結びついているので、同盟関係が反故にされることなどない、との反論もあるでしょうが、オバマ大統領の軸足《じくあし》は半世紀以上も同盟関係にある日本よりも、経済発展の目覚ましい中国に移っているかのごとき印象を与えています。

確かに「尖閣諸島は安全保障条約の適用範囲内」と言いましたが、「日本の主権が尖閣諸島にある」とまでは言ってくれず、実際に中国が軍事行動を起こした時に、あの小島をアメリカ軍が本当に命を懸《か》けて守るかどうか、疑問を持たざるを得ないのです。

では、アメリカにポイ捨てされないためにどうするか。そのためには、アメリカに、日本と軍事的に組んでいれば得する、という実感を持たせるしかありません。現在、国会や各メディアで波紋を呼んでいる集団的自衛権や特定秘密保護法（正式名称・特定秘密の保護に関する法律）などを運用し、軍事的パートナーとしてアメリカの信頼を得る。そのうえで、核兵器に対する日本の権利をドイツ並み（「ニュークリア・シェアリング」としてアメリカ保有の核兵器をドイツ国内に配備し、共同管理）に引き上げてもらう。すなわち、アメリカの核兵器を一緒に使える立場にしてもらう、ということが喫緊《きっきん》の課題ではないかと思います。

核兵器を日本がすぐに持とうと思っても、国際社会や中国、韓国などの反発で持てないでしょう。ただ、核兵器をアメリカと一緒に使う立場にあれば、核兵器を持っているのと同じです。

しかし、それでもアメリカ頼みですから、究極的には当てになりません。やはり、日本が軍備拡張を続ける中国などから自国を守るためには、核兵器や原子力潜水艦を製造し、核ミサイルを搭載した潜水艦を日本海や太平洋で数隻動かしておく必要があるのではないでしょうか。そうすれば、まちがいなく、真の抑止力が働くと思います。

今こそ、歴史に学べ――本村

私は、戦後の反戦思想のなかで教育を受けた人間ですから、核装備に対しては渡部先生ほどの割り切り方はできません。核兵器については長期的、かつ確固たる見通しの下《もと》で、唯一の被爆国という経験を踏まえて検討しなければならないと思います。

ただ、憲法第九条第二項を早期に修正しなければならないという立場です。この項は、自衛権の放棄まで謳《うた》っています。つまり、第一項の「国権《こっけん》の発動たる戦争と、武力による威嚇《いかく》又は武力の行使は、国際紛争を解決する手段としては、永久にこれを放棄する」という理念は、必ず堅持しなければなりません。そもそも、一九二八年のパリ不戦条約（ケロッグ・ブリアン協定）で戦争は放棄されているのですから。しかし、第二項の「前項の目的を達するため、陸海空軍その他の戦力は、これを保持しない。国の交戦権は、これを認めない」では、想定外の事態に対する自衛権まで否定されてしまいます。戦後日本の反戦平和思想は改憲派の人たちにも十分定着していますから、自衛力は必ず制御できるはずです。

第四章でお話ししたように、世界史を冷静に見れば、非武装中立はとうてい不可能ですし、現実的に日本は世界有数の軍隊である陸海空の自衛隊を保持しています。したがって、自衛隊を憲法に抵触させないためにも、第二項だけは外《はず》すか修正することが先決です。それが、日米同盟を結ぶアメリカとの関係をより緊密にしていくための現実的な選択だと思います。

また、この憲法第九条第二項があるからこそ、韓国や中国につけ込まれるとも思います。たとえば、韓国の初代大統領李承晩《りしょうばん》が一九五二年に、東シナ海と日本海に一方的に引いた軍事境界線（李承晩ライン）により、島根県の竹島が韓国領とされ、三二八隻の日本漁船が拿捕《だほ》され、四〇人以上の死傷者を出しているにもかかわらず、日本は軍事作戦を含めた有効な手段を取ることができませんでした。これは、中国が最近領土と主張し始めた尖閣諸島も同様です。

韓国や中国は、日本に無理を通しても、憲法第九条第二項を日本が保持している限り、自衛隊は出てこないだろうと高《たか》を括《くく》っているのです。

ところが、日本の護憲《ごけん》派と言われる人たちは、「日本は長い間事《こと》なきを得て来たのだから、憲法を改定する必要などない」と考えています。私は、護憲勢力の人たちは理想主義的で、今の自分に正義があると思っているように感じられます。

しかし、なぜ理想主義の人は、今の自分のほうが正しいと一方的に言えるのか不思議でしかたがありません。私はどちらかというと現実主義者であり、将来に正義があると考えています。

この理想主義と現実主義の対立は、幕末の尊王攘夷《そんのうじょうい》論と開国論の構図に非常に似ています。攘夷論はあの当時、大多数の人たちが、今までこれでやっていたのだから正しいと思っていましたが、歴史を振り返ればまちがっていたことは明白です。護憲思想もそうなるかもしれません。

東日本大震災以後、急速に勢いづいた原発（原子力発電）反対の動きなども、それを十分検討することなく、ただ反発する人が多いでしょう。しかし、理想主義にこだわっていると、日本は足元を掬《すく》われかねません。私は歴史家としての思いが強いので、原発の是非《ぜひ》については、日本の長期にわたるエネルギー政策と自然環境保護の問題として、もうすこし現実的に考える必要があると思っています。

製造業の国外フライトを阻止せよ――渡部

第三章、第四章でもお話ししましたが、イギリスやアメリカの製造業が国外へフライトした結果、国力が衰退したことを日本も学ばなければなりません。

一九五〇年代には、アメリカで「メイド・イン・ジャパン」と言えば、安くて、粗悪な製品の代表のように言われていましたが、一九八五年のプラザ合意の頃には、世界の大半の民生品は日本製品か、日本のパテントで作られていたものです。あの頃の日本は、本当に光り輝いていました。

今後の日本が国際社会から落ちこぼれないためには、やはり、国内の産業を守ることが重要です。国内の産業中の産業は何かと言えば、自動車と電機（家電、重電）です。これらの産業は非常に多くの雇用を生みますし、競争により技術力も担保できます。

そうであれば、国内の原発産業をさらに発展させなければいけないでしょう。原子力発電所は一件で、数百億から数千億円するのです。安倍晋三《あべしんぞう》首相が地球を半周して、一〇兆円の原発を含むインフラ受注をしたことは非常に良いことだと思います。

中国は二〇五〇年に四〇〇基の原発を持とうとしていますし、韓国も現在の二三基を四〇基に増やす計画があり、ロシアも造ろうとしています。しかし、中韓ロの原発技術は日本から見ればレベルが低く、そのような低い技術で粗悪な原子炉を大量に造られたら、風《かざ》下《しも》に立地する日本は危なくてしかたがありません。

福島の原発事故を契機に、現在、日本の原発は止まっています（地震による故障ではなく、津波によって電源が海水をかぶったためでしたが）。このため、火力発電に頼らざるを得ないのが日本の現状です。火力発電で使う石油や液化天然ガスなどの資源は今のところ、すべて外国から買わなければなりません。毎日約一〇〇億円の出費となり、貿易収支は原発停止で赤字を続け、過去最長となっています（二〇一四年六月現在）。このあたりは、国民も考えなければならないでしょう。

代替《だいたい》エネルギーの研究は、もちろん進めていいのです。もし、原発より良い発電法があれば切り替えてもいいのですが、今のところありません。戦後、住民の反対を押し切り、多くの川を堰《せ》き止め、村を湖底に沈めて造った水力発電は、全発電量の8・5％にしかならないのです（資源エネルギー庁「電源開発の概要」より）。太陽光発電や風力発電は、まだおもちゃのようなもので、問題になりません。やはり、原発と火力に頼らざるを得ないのが現実なのです。

先進諸国で起こっている現象と新たな時代――本村

現在の政治について、居酒屋で四方山《よもやま》話《ばなし》をすると、再《ふたた》び二大政党制に戻したほうがいいとか、自民党の単独政権がいい、あるいは別な政党が出てきてほしい、などの意見が出てきます。

日本では、二十一世紀に入ってから九人、二〇〇六年九月以降では六人の首相――安倍晋三、福田康夫《ふくだやすお》、麻生太郎《あそうたろう》、鳩山由紀夫《はとやまゆきお》、菅直人《かんなおと》、野田佳彦《のだよしひこ》が生まれています（二〇一四年八月現在）。やはり、このような短命政権（第二次安倍政権を除く平均は三八一・五日）が続くと、政治への関心も高くなるのでしょう。

私は、現政権の経済成長優先の考え方は、もうすこし修正するべきだと思っています。

つまり、経済拡大路線だけで進んでいけば、再びバブルを起こす可能性が出てきます。したがって、安定成長をどのように維持していくかが問題になりますが、それには、日本の現在の社会保障制度を勘案し、数年先を見通した包括的な経済政策を導入しなければならないと思っています。

具体的な社会保障制度とは年金問題とこれにリンクする少子化問題です。われわれは一応、大学を勤め上げましたので、それなりの年金は受け取っています。しかし、周りを見ると、年金を受給できない人や年金制度に加入していない人もいます。

彼らは「いくら年金保険料を納めても、少子化で受給年齢になる頃には制度は破綻している」と、年金制度に否定的です。確かに、少子化がどんどん進めば、年金基金が不足して、支払いが滞《とどこお》る可能性が出てくると、メディアはひと頃盛んに流しました。また、高齢者より若年層が少ない逆三角形型の日本の人口構成では、理論的に年金制度が破綻する可能性も捨てきれません。

しかし、高齢化が著《いちじる》しく進展する日本で、年金制度の破綻はもちろん許されることではありません。そうであれば、消費税率を多少高くしても、六〇歳になったら誰でも月に五～六万円程度は受給できる、それ以上欲しい人には最初から別の形式の年金制度を創設するなどのシステムを新たに構築しないと、路頭《ろとう》に迷う高齢者は今後増加するばかりでしょう。

政治家も官僚の方々も今後、さらに工夫していくと思いますが、この問題の根底には少子化問題があります。今の人口を急激に増やす必要はありませんし、それは不可能だと思いますが、人口が減っても一億人程度は確保するという形で進めていくことが大事なのではないでしょうか。安心して子育てができるということは、何よりも大切な国策だと思います。

安倍政権は目先の経済政策、特に株式市場や景気指数ばかりを気にしているようですが、人間が安定して生きていくという意味では、社会情勢を含めた中長期的な経済政策を打ち出すことが重要です。

古代ギリシア、ローマから現代まで、歴史上、出生数が少ない国家や民族に繁栄はありませんでした。しかし、その逆の現象が戦後の先進諸国に認められ、特に日本では極端な形で起こっています。これは、歴史的には、新たな時代に突入したということでしょう。

社会政策をまちがえなければ、衰退しない――渡部

本村先生のおっしゃるとおり、政府が社会政策や経済政策をまちがわなければ、高齢者を餓死《がし》させないですむでしょう。しかし、政策をまちがえれば、家族制度が戦後に壊《こわ》れた日本では厳しい結果が待っている、と言わざるを得ません。

戦前までの日本は、子どもが老親の面倒を見るのは当然でした。しかし、最近は好むと好まざるとにかかわらず核《かく》家族化が進み、独居老人が急増しています。そして、このことがどのような影響を与えるか、今の段階では不明です。結果は、これから出てくるのです。

今から二〇年ほど前に、実業家で直木賞作家の邱永漢《きゆうえいかん》さんと話したことがあります。あの方はおもしろい人で、「年金など当てになるものか、だから俺は親孝行な子どもを育てる」と、非常に先見《せんけん》の明《めい》がありました。私は子どもが三人、孫も五人になっていますから、年金制度がなくなっても餓死することはないと思います。しかし、ほうっておけば餓死する人も出てくるかもしれません。

ですから、今、子どもを作らず、孫も作らず平気でいる人は、老後は政府が見てくれる

のだろうという甘えがどこかにあるのではないかと私は思います。しかし、将来的に高齢者が甘えられるような政府であるかどうかは未知数です。

そこで思い出されるのは、オーストリアの経済学者フリードリヒ・ハイエクの「社会政策は必要である、社会主義政策はいけない」という言葉です。社会主義政策とは資本主義を否定すること。いっぽう、社会政策とは資本主義下での福祉政策などの公共政策を指し、非常に簡単に言えば、恵まれない人を社会で救う政策です。

私も社会政策は採るべきだと思いますが、現状の日本の政府では、どう見ても贅沢《ぜいたく》な老後政策など不可能です。そこで、今後、どの程度まで保障していくか、そしてそれを担保する財源や経済力について、われわれ国民もしっかりと考えていかねばなりません。


高い民度《みんど》を失わなければ、衰退しない――本村

ここまで、渡部先生と長時間、多岐にわたるテーマで話し合ってきましたが、最後に日本はこれから衰退するか、それとも持ちこたえるか、ご意見をお聞かせください。

まず、私は衰退しないと思います。二〇一一年の東日本大震災で、日本は大変な被害を受けました。しかし、その後の被災された方々のがんばりや全国から集まった支援物質やボランティアの方たちを見ると、日本も捨てたものじゃないと改めて思い知らされました。このような災害時には外国では起こりやすい暴動は起こっていませんし、被災地での窃盗《せっとう》なども目立つほどではありませんでした。

被災直後の対応に多少まずいところはあったとしても、全体として見れば、非常に冷静に、皆が協力しながら、最近経験のない大国難を乗り切りつつあるという印象です。もちろん、まだ仮設住宅に一〇万人以上の被災者の方が暮らされており、これからも復興を進めていかねばなりません。

このような日本人の民度の高さは世界に誇りうる財産ですし、世界もそれを認めています。このように民度の高い国民のいる国は、世界史的に見てもそう簡単に衰退はしません。

最後に、これからの日本が採るべき道ですが、さきほど私は老後の年金を最低限きちんとすべきだと述べました。これを、マネタリズム（ケインズ経済学にもとづく裁量的経済政策に反対し、自由市場に委《ゆだ》ねて貨幣供給の固定化を提唱する理論）を主唱したアメリカの経済学者ミルトン・フリードマンなら、「限りなく自由にさせておくことが結果的には一番いい方法だ」と言うかもしれません。

しかし、フリードマンの理論は人口が一〇〇〇万人程度の国家ならいいのですが、一億人を超えると、どうしても貧富の差が生《しょう》じて、うまく機能しないような気がします。

フランス革命で掲げられた「自由・平等・博愛」という三つの理念がありますが、自由主義経済はいろいろ問題を抱えているものの、それなりに成功していると言っていいでしょう。それに対して、平等を基本とした社会主義経済はすでに崩壊しています。

未来に向けて私が期待するのは、自由を基調にした社会主義です。そこでは、貧富の差が生まれても、ある程度の博愛主義やボランティア精神が救いになります。追剝《おいはぎ》が一宿分のにぎりめしを持たせてくれるような日本社会の平等意識には、そのような期待を持たせるものがあります。もちろん、年金問題や高齢者問題への対策・政策が含まれますが、どうすれば実現できるのか、それが今後の日本の行く末《ゆくすえ》に非常に大事なことだと思います。

エネルギー政策をまちがえなければ、衰退しない――渡部

エネルギー政策をまちがえなければ、という条件つきですが、私も日本は衰退しないと思います。ただし、原発反対者の意見に従えば、日本は経済競争力を失い、まちがいなく衰退します。

国際競争力を維持できるような料金で電力を提供し、国内に製造業をとどめることができれば、まだまだ日本はだいじょうぶです。電力さえ豊富にあれば、食糧も水耕法などで補《おぎな》えるのです。

ただし、戦争は別次元の話です。今後戦争が起こり、核戦争まで拡大する可能性を認めた時は、やはり、アメリカと核を含めた共同防衛態勢を整備しなければなりません。準備さえしておけば、中国も北朝鮮も怖いことはありません。

国内政治は、今までどおりでけっこうです。戦後の政治史を見ると、その時の熱狂や流行で生まれた政党は長い目で見ると、消えていきました。また、近年、短命政権が続いたり、二大政党制になったりしましたが、ほとんど良識の範囲です。それは民主主義に不可欠な〝高価な代償〟と納得すればいいでしょう。

おわりに――文明圏としての日本

このたび、ローマ史の専門家の本村凌二先生とゆっくり対談する機会を与えられ、その学識から学ぶことができたことは大《だい》なる幸せであった。

文明の興亡に関することがテーマであった。昔から大国となり、またひとつの文明圏を作り上げたケースはいくつもある。古くはギリシアやローマ、もっと古くはエジプトやメソポタミアもある。東洋でも秦《しん》という国があったし、鮮卑族と言われた民族が作った隋や唐という大国もあった。チンギス＝ハンやその息子たちが作った大国もあったし、満洲族の作った清という大文明圏もあった。インドにも、イスラム圏にも大国があった。西欧も一《いち》文明圏であるし、アメリカ、カナダも一文明圏である。そして、サミュエル・P・ハンティントンによれば、日本も一文明圏である。

日本をシナ大陸の端《はし》の島として見ずに、『The Originality of Japanese Civilization（日本文明の独創性）』をオックスフォード大学出版局から出したのは、『源氏物語』の英訳者として知られたアーサー・ウェイリーであった（一九二九年）。これは、日本文化はシナ文明の周辺文化のひとつではなく、ひとつの独立した文明であることを実証的に述べた最初の論文のひとつであろう。

戦後、エドウィン・O・ライシャワー博士（駐日アメリカ大使であった）も、「日本列島はひとつの文明を作るに十分な空間を持っていた」という主旨の著書を書いているし、戦争中のアメリカ軍将校の必携マニュアルは、シナと日本の根本的相違を強調するのが主眼であったように思われる。

こうして、古今東西の「文明」を並べてみると、だいたい衰亡している。今、元気なのはアメリカを含めたアングロ・サクソン文明圏と日本文明圏ぐらいのものではないか。イスラム諸国が元気のように見えても、闘争と叛逆《はんぎやく》でゴタゴタしているし、オスマン・トルコ文明を継承したわけでもなさそうである。アングロ・サクソン文明の発祥地・イギリスは大英帝国が分解する形で存在しており、アメリカも建国当初より変貌が激しい。

そのなかにあって、日本文明はどうか。私は、日本文明を「カミの文明圏」という言い方をすれば、その本質がよくわかると思う。「カミ」は、「仏」でもなく「天」でもなく、「デウス」でもなく「ゴッド」でもない。その本質を示すことが最近あった。

それは、高円宮典子《たかまどのみやのりこ》さまと千家国麿《せんげくにまろ》さまの婚約である。

高円宮家は皇室であるから、ご先祖は神武《じんむ》天皇、さらに系図をたどれば天照大神《アマテラスオオミカミ》のご長男正勝吾勝勝速日天之忍穂耳命《マサカツアカツカチハヤヒアメノオシホミミノミコト》（ホミミノミコトと略す）にまで遡《さかのぼ》る。いっぽう、千家家のご先祖は天照大神のご次男天之菩卑能命《アメノホヒノミコト》（ホヒノミコトと略す）である。このホヒノミコトの御子《みこ》の建比良鳥命《タケヒラトリノミコト》から、出雲国造《いづもこくそう》が出ている。つまり、典子さまと国麿さまの結婚は、親族どうしの結婚なのである。ただ、その元がざっと三〇〇〇年前の話なのだが――。

ここで、ざっと三〇〇〇年と言ったが、他の文明圏の三〇〇〇年とは意味が根本的に違う。というのは、このざっと三〇〇〇年間の系図が断絶せずに続いているからだ。系図および、その代々のメンバーの話が文献的に（リテラトゥールで）残っているし、それに関係した事物も（リアリエンで）残っていることである。

皇室の伝統と系図についてはよく知られており、事物としては伊勢神宮という形で今も誰でも見ることができるし、二〇一三年に式年遷宮《しきねんせんぐう》があったばかりだ。千家家については、『古事記《こじき》』に「底津石根《そこついわね》に宮柱《みやはしら》ふとしり、高天原《たかまがはら》に氷椽《ひき》たかしりて――」とあり、そうしてできた事物として出雲大社は二〇一三年、六〇年ぶりの遷宮があった。この社《やしろ》は、古代にはもっと高い建物だったことが知られており、文字どおり、天に届くばかりの屋根と、地下の岩盤まで達するがごとき、太い宮柱があったことが知られている。つまり、皇室も千家家も、神話（前史時代）から今日に至るまで、文献的にも、事物的にも「生きたままで」継承されているのである。

このことを、外国人にもわかりやすく言うために、トロイア戦争の話と比べてみよう。これは、ホメロスの叙事詩に残されたざっと三〇〇〇年前の話である。トロイアの王子パリスが、ギリシアのスパルタを訪問して、その王妃ヘレナを盗んで帰った。王妃を盗まれたスパルタ王メネラオスは、報復の軍をトロイアに出す呼びかけをした。それに応じたギリシア軍の総大将として出陣したのがメネラオスの兄、ミケーネ王アガメムノンだった。

ここまではホメロスの詩に従うとして、それから約三〇〇〇年経った今日の状況を空想してみよう。トロイア国は繁栄している近代国家であり、その国家元首をパリスとヘレナの子孫が務め、その一族に娘がいる。いっぽう、アガメムノンの子孫は、今なおミケーネ島の王であり、壮麗な宮殿を持っている。そして、トロイア国王の一族の娘が、ミケーネの宮殿を継ぐ男子のところに嫁に行くということは、欧米人の想像を絶することであろう。

ホメロスの詩は、ローマ帝国の成立より一〇〇〇年も前の話であり、神話であると思われていた。ところが、十九世紀にシュリーマンがトロイア遺跡を発掘し、ホメロスの詩に事実の裏づけがあったことがわかったのである。しかし、現在、トロイア王家の子孫がいるわけではなく、系図もない。アガメムノンもまた、子孫も系図もない。

このように、日本が「カミの文明圏」という、少なくとも二〇〇〇年も続いている独特の文明圏であることが、ギリシア文明圏の話と比べれば、よく実感されよう。この文明圏に六世紀、仏教という高級な宗教が入ってきた。そして、多くの高僧《こうそう》が出、多くの宗派が生じた。しかし、日本が仏教文化圏に入ったわけではない。西行《さいぎょう》は、伊勢神宮に参詣時「なにごとの おはしますかは 知らねども かたじけなさに 涙こぼるる」と歌に詠《よ》んだ。今も、大乗《だいじょう》仏教の大学が一〇校以上ある国は日本以外にない。日本は大乗仏教の中心地であり、それが栄えている国である。それは「カミの文明圏」を文化的・学問的・宗教的に豊かにしている。

儒教も同様である。儒教を奉《ほう》じた人もいたが、日本は儒教文明圏の国ではない。日本は儒学が現在、世界で一番栄えており、大衆もその名言をよく使い、大学でも研究され、世界一の漢字の大辞典も日本人が作った。儒教は儒学となり、「カミの文明圏」を豊かにしているのだ。

何年か前に、私は曽野綾子《そのあやこ》さんと伊勢神宮に参詣したことがある。曽野さんはバチカンから勲章を授けられた立派なカトリック信者であり、私もそのはしくれだが、違和感はなかった。この島国を作ったという伝承が残り、そのカミの子孫が「国民統合の象徴」と憲法に記されて現存している国に生まれ、その住人であるなら、その皇室のご先祖を祀《まつ》った社に心から敬意を払う行為をするのに、なんの躊躇《ちゆうちよ》があろうか。

靖国《やすくに》神社の近くには、フランス系のカトリック修道会が建てた有名な学園がふたつある。このカトリック系の学園ができた頃、フランスでは革新的な政教分離が行なわれ、神父も修道女も、学校関係の建物に入ることができなかった。しかし、「カミの文明圏」のなかでは、キリスト教徒も安舒《あんじよ》として活動している（キリシタン迫害は、島原の乱に驚いた幕府のやったことだった）。そして、キリスト教信者はプロテスタントでもカトリックでも、「カミの文明圏」を精神的・文化的に豊かにしている。西洋哲学者も儒学者同様、「カミの文明圏」を豊かにしてきたのであり、日本を彼らの文明圏のなかの一国にしたわけではない。

このように考えてくると、「カミの文明圏」は、歴史上の文明圏のなかで、もっとも長命《ちょうめい》であったし、これからも、今までの調子で何千年も続くことを願っても無理ではないとも思いたくなる。

本村先生と文明の興亡史を語り合ったあとに、私の頭に浮かんだのは、小学生の時に暗記させられた「天壌無窮《てんじょうむきゅう》の神勅《しんちょく》」と言われるものであった。覚えていない人、記憶していない人も多いと思うので、『日本書紀』から書き写しておくことにする。

「葦原《あしはら》の千五百秋《ちいほあき》の瑞穂《みづほ》の国《くに》は、是《これ》、吾《あ》が子孫《うみのこ》の王《きみ》たるべき地《くに》なり。爾皇孫《いましすめみま》、就《い》でまして治《しら》せ。行矣《さきくませ》。宝祚《あまのひつぎ》の隆《さか》えまさむこと、当《まさ》に天壌《あめつち》と窮《きはま》り無《な》けむ」

平成二十六年七月下浣

渡部《わたなべ》 昇一《しょういち》

切りとり線

★読者のみなさまにお願い

この本をお読みになって、どんな感想をお持ちでしょうか。祥伝社のホームページから書評をお送りいただけたら、ありがたく存じます。今後の企画の参考にさせていただきます。また、次ページの原稿用紙を切り取り、左記まで郵送していただいても結構です。

お寄せいただいた書評は、ご了解のうえ新聞・雑誌などを通じて紹介させていただくこともあります。採用の場合は、特製図書カードを差しあげます。

なお、ご記入いただいたお名前、ご住所、ご連絡先等は、書評紹介の事前了解、謝礼のお届け以外の目的で利用することはありません。また、それらの情報を6カ月を越えて保管することもありません。

〒101-8701（お手紙は郵便番号だけで届きます）
祥伝社新書編集部
電話03（3265）2310
祥伝社ホームページ　http://www.shodensha.co.jp/bookreview/

★本書の購買動機（新聞名か雑誌名、あるいは○をつけてください）

＿＿＿新聞の広告を見て	＿＿＿誌の広告を見て	＿＿＿新聞の書評を見て	＿＿＿誌の書評を見て	書店で見かけて	知人のすすめで

★100字書評……国家の盛衰

名前

住所

年齢

職業

渡部昇一　わたなべ・しょういち

上智大学名誉教授。1930年生まれ。上智大学文学部、同大学院修士課程修了後、ミュンスター大学へ留学。同大学より哲学博士号、名誉哲学博士号を授与される。オックスフォード大学研究生を経て、上智大学教授。専門の英語学・言語学のほか、文明・歴史批評においても幅広い活動を展開する。

本村凌二　もとむら・りょうじ

早稲田大学国際教養学部特任教授、東京大学名誉教授。1947年生まれ。一橋大学社会学部卒業、東京大学大学院博士課程単位取得退学。博士(文学)。専門は古代ローマ史。『薄闇のローマ世界』でサントリー学芸賞、『馬の世界史』でＪＲＡ賞馬事文化賞、一連の業績にて地中海学会賞を受賞。

国家《こっか》の盛衰《せいすい》

——3000年《ねん》の歴史《れきし》に学《まな》ぶ

渡部昇一《わたなべしょういち》　本村凌二《もとむらりょうじ》

2014年９月10日　初版第１刷発行
2014年12月30日　　　第６刷発行

発行者……………竹内和芳
発行所……………祥伝社しょうでんしゃ
〒101-8701　東京都千代田区神田神保町3-3
電話　03(3265)2081(販売部)
電話　03(3265)2310(編集部)
電話　03(3265)3622(業務部)
ホームページ　http://www.shodensha.co.jp/

装丁者……………盛川和洋
印刷所……………萩原印刷
製本所……………ナショナル製本

Printed in Japan　ISBN978-4-396-11379-7　C0222